Zen in Leben und Arbeit

Die niederländische Originalausgabe erschien unter dem Titel
„De smaak van zen in leven en werk" bei Asoka bv, Rotterdam 2007,
Internetadresse: www.asoka.nl

Brigitte van Baren:
Zen in Leben und Arbeit
Übersetzung aus dem
Niederländischen: Frank Ziesing

info@j-kamphausen.de

Lektorat: Dr. Nadja Rosmann
Umschlag-Gestaltung:
Wilfried Klei/Anne Petersen
Satz: KleiDesign
Coverfoto: www.alexanderstephan.de
Druck & Verarbeitung:
Westermann Druck Zwickau

www.inspire-news.de

1. Auflage 2008
Die Deutsche Bibliothek – CIP-Einheitsaufnahme

Ein Titelsatz für diese Publikation
ist bei der Deutschen Bibliothek erhältlich.

ISBN 978-3-89901-163-0

Dieses Buch wurde auf 100% Altpapier gedruckt und ist alterungsbeständig.
Weitere Informationen hierzu finden Sie unter www.weltinnenraum.de

Brigitte van Baren

Zen in Leben und Arbeit

Von Achtsamkeit bis Zeitmanagement

aus dem Niederländischen übersetzt von Frank Ziesing

Vorwort

Niemand sollte über Zen reden, der den Weg nicht selbst lange gegangen ist. Brigitte van Baren erhielt eine lange und gründliche Zen-Schulung. Deshalb verdienen ihre Ausführungen Vertrauen. Zen führt ins Leben zurück und in die Verantwortung für Politik, Wirtschaft und Gesellschaft. Das Buch richtet sich unter anderem an Menschen in der Arbeitswelt, an Unternehmer/innen und Frauen und Männer, die Führungspositionen innehaben. Immer mehr Unternehmen erkennen, dass es letztlich nicht nur um Profit gehen darf, sondern ebenso sehr um die Menschen. Der extreme Reichtum auf der einen Seite und die erschreckende Armut der meisten Menschen auf dieser Erde bleibt eine ständige Herausforderung. Das Buch zeigt auf, dass es auch in einem Unternehmen letztlich um den Menschen geht und dass eine Umstellung in unserem Denken und Handeln die Voraussetzung für die Zukunft unserer Spezies ist. – Da ist die kleine Geschichte vom Arbeiter, der am Anfang, als er nach seiner Arbeit gefragt wurde, antwortete: Ich behaue Steine. Nach einiger Zeit fragte ihn wieder jemand nach seiner Tätigkeit. Seine Antwort lautete diesmal: Ich baue Mauern. Später wurde er wieder einmal nach seiner Arbeit gefragt. Seine Antwort war jetzt: Ich baue an einem Dom. Ich würde mir Unternehmen wünschen, in denen alle im Betrieb eine solche Antwort geben können.

Die Frau und die weiblichen Grundveranlagungen im Menschen spielen daher im Buch eine wichtige Rolle. Die Frau, die lange Zeit der patriarchalen Dominanz des Mannes ausgeliefert war, erkennt ihre integrativen und heilenden Potenzen, ohne die eine Gesundung der Gesellschaft nicht möglich ist. Nur wenn der weibliche Anteil in der Öffentlichkeit mehr Bedeutung erhält und diese Elemente nicht gegen das Männliche ausgespielt werden, sondern zu einem kooperativen Miteinander beitragen, wird sich etwas ändern. Daher ist es von Bedeutung, dass Frauen mehr Einfluss in Führungspositionen der Wirtschaft und Politik erhalten. Bleibt zu hoffen, dass dieses Buch dazu beiträgt, eine höhere Flexibilität und eine stärkere Bereitschaft für Veränderungen in unserer Gesellschaft zu schaffen.

Willigis Jäger

Einleitung

Die meisten von uns führen ein ziemlich hektisches Leben, getrieben durch die rasche moderne Lebensweise, die ständig auf uns einwirkt und kaum Raum für Ruhe und Stille lässt. Die Intention dieses Buches ist es, zwischen scheinbar widerstreitenden Impulsen von Aktivität und zur Ruhe Kommen eine Bücke zu schlagen. Dieses Buch schrieb ich aus dem Blickwinkel eines etwa 25-jährigen persönlichen Erfahrungswegs. Meine Ernennung zur Zen-Lehrerin gab den Anlass, in Worte zu fassen, was für mich das Wesentliche der Zen-Lehre ausmacht. Als wichtigste Punkte erwiesen sich das Aufdecken persönlicher Eigenarten, Sichtweisen und individueller Vorlieben, die zusammen eine Individualität erschaffen, in der sich immer ein Element der Einsamkeit findet wie auch eines der Verbundenheit mit anderen. Als ich den Auftrag bekam, die Zen-Lehrer-Würde anzunehmen, sprang ich nicht gleich vor Freude in die Luft. Ich fand – und finde noch stets – dass der eigene Reifungsprozess sich anderen vor allem auf nichtverbalem Wege mitteilt. Dafür ist keine spezielle Ernennung zum Zen-Lehrer nötig. Obendrein wird man durch solch eine Ernennung von den Mitmenschen schnell in eine bestimmte Ecke gestellt, und das ist mir viel zu eng. Darum sagte ich während meiner Ernennung, dass ich diese Lehrerschaft auf meine eigene Art ausfüllen würde.

Für mich ist Zen ein Erfahrungsweg, der quer durch alle Religionen geht und darum nie an eine bestimmte religiöse Stellungnahme gebunden sein kann. Die christlichen Mystiker, die mir zu Beginn meines inneren Weges als Vorbilder dienten, spielen immer noch eine wichtige Rolle in meiner Entwicklung, doch das gilt genauso für östliche Mystiker. Was mich an der Zen-Übung so anzieht, ist, dass dort eine Struktur angeboten wird, die im Alltagsleben und bei der Arbeit unmittelbar einsetzbar ist. Die Anerkennung als Lehrerin machte mir klar, dass ich aus meiner Stellung als Frau, Mutter, Partnerin sowie Coach für Führungskräfte und Unternehmer zeigen kann, dass ein solcher Weg möglich ist, während man mitten im Leben steht. Mein Standpunkt ist, dass man für eine ernsthafte Zen-Praxis wahrlich kein Mönch zu sein braucht, der zurückgezogen in einem Kloster lebt. Innerhalb der Zen-Schule Sanbō Kyōdan, zu der ich gehöre, plädiert man ebenfalls für die Zen-Praxis im Alltagsleben. Der letzte Abt unserer Schule, Yamada Kōun Rōshi, war nicht nur Zen-Meister, sondern auch Leiter der Kenbikyoin-Klinik in Tokio. Und Yamada Ryōun Rōshi, der gegenwärtige Abt, ist neben seiner Tätigkeit als Zen-Meister noch Vorsitzender des Center for Health Care & Public Concern und Vorsitzender des Genki Plaza Medical Center for Healthcare. Zudem ist er Vorstandsvorsitzender der Itoko Corporation und gehört damit zu den Top-Managern des japanischen Wirtschaftslebens.

Dieses Buch möchte Zen für den Leser fühl- und schmeckbar machen. Ich gebe nicht vor, eine wissenschaftliche Abhandlung abzuliefern, in keinerlei Hinsicht, denn es geht hier nicht um eine wissenschaftliche Untermauerung der Wirklichkeit. Es geht vor allem um eine persönliche Erfahrung, die ich Ihnen vermitteln und Sie schmecken lassen möchte. Ein wiederkehrendes Thema in den Kapiteln ist die Tatsache, dass die ganze Natur von der einen schöpferischen Energie erfüllt ist, die sich in jedem Objekt und jedem Lebewesen ausdrückt und so immer und überall gegenwärtig ist. Auch die Kōans, die historischen Dialoge zwischen Meistern und Schülern, bilden einen roten Faden, der durch das ganze Buch läuft. Immer wieder bringen diese Gespräche haargenau das auf den Punkt, was der direkte Zusammenhang zwischen Zen und alltäglichen Handlungen ist.

Der Ausgangspunkt meines Buches ist der für mich so selbstverständliche Zusammenhang zwischen Zen-Übungspraxis und Alltag zu Hause und am Arbeitsplatz. Nachdem ich das eingehend erklärt habe, widme ich mich der Frage, wer wir als Mensch in unserem tiefsten Sein sind, und was die Sinngebung unseres nichtigen Lebens in diesem unendlich großen Weltall ist. Anschließend betrachten wir, welche Bewusstseinsebenen im Menschen aus psychologischer und zen-buddhistischer Sicht zu unterscheiden sind. Dabei stößt man natürlich auf die Frage, in wie weit Zen und Psychologie einander berühren und wo der wesentliche Unterschied zwischen ihnen beginnt. An Hand von Eigenarten wie Emotionen, Gefühlen, Schwachstellen und Atemrhythmus gehen wir dann auf die Frage ein, wie man sich in seinem Entwicklungsprozess der inneren Kraft nähern kann. Da innere Kraft und Gesundheit nie voneinander getrennt sind, lässt sich ein Thema wie Gesundheit auch sehr gut aus der Zen-Perspektive beschreiben. Wenn man diese verschiedenen Aspekte in ihrem logischen Zusammenhang sieht, wird es möglich, aus einer neuen Perspektive heraus zu leben und aufgrund eines inneren Antriebs einen Weg zu entdecken, der zum Kern des eigenen Wesens führt. Doch der Kreis schließt sich erst, wenn man aus diesen inneren Qualitäten und auskristallisierten persönlichen Erfahrungen den Weg zurück findet, den Weg zum Marktplatz, der in der Zen-Tradition Symbol für das Alltagsleben ist. Dort angekommen, kann man Leben und Arbeit neu aus der erworbenen inneren Freiheit formen. Diese bewirkt, dass man das Leben eher als Spiel erfährt, in dem man gleichzeitig Spieler, Gespielter und Regisseur sein kann. Denn erst, wenn man es wagt, sich dem inneren Regisseur zu überlassen, dem großen Geiststrom, dem Göttlichen, der Buddha-Natur beziehungsweise dem eigenen wahren Wesen, kann man erfolgreich darin sein, sein Leben wirklich und zutiefst zu leben.

Danksagung

Gern möchte ich mich hier bei den Menschen bedanken, die in bedeutendem Maße zum Zustandekommen dieses Buches beigetragen haben. In erster Instanz ist das mein Lehrer Willigis Jäger. Ohne seine Begleitung und Unterstützung hätte ich nie den Mut gehabt, dem Papier anzuvertrauen, was mich meine Erfahrungen und Einsichten über die wahre Bedeutung des Zen in Leben und Arbeit gelehrt haben. Weiterhin danke ich meinem Zen-Kollegen Jef Boeckmans, der mir durch klärende Gespräche Einsichten zu den verschiedenen Bewusstseinsniveaus aufzeigte, die man im Lauf der persönlichen Entwicklung erfährt, sowie zu den Übereinstimmungen und Unterschieden zwischen Zen und Psychologie. Ich bin ihm auch sehr dankbar für seine Ergänzungen und Literaturhinweise. Besonderen Dank schulde ich dem Beitrag von Marian de Heus, die nicht nur durch ihre redaktionellen Fähigkeiten, sondern auch durch kritisches und inspirierendes Feedback zum jetzigen Stand des Buches beigetragen hat. Ohne ihre Hilfe und persönliche Hingabe wäre das Buch nicht in dieser Form erschienen. Danken möchte ich auch meinem Mann Maarten für die Freiheit, die er mir während des Schreibens gab. Ich widme dieses Buch meinen Kindern Lodewijk, Frédérique, Romke und Kyra, denn im täglichen Familienleben zeigt sich die Essenz des Zen am eindrücklichsten, und deshalb sind mein Mann und meine Kinder meine wahren Lehrer. Außerdem möchte ich meinen Arbeitskollegen danken, vor allem Jan Maarten Hensel, der mir durch die Arbeitseinteilung die Möglichkeit zum Schreiben dieses Buches gab. Und schließlich bin ich dem Leben selbst dankbar für die Erfahrungen, die es mir hat zuteil werden lassen, positive wie auch schmerzhafte, die zusammen die beiden Seiten derselben Wirklichkeit formen. Diese Erfahrungen haben mir die Einsicht gegeben, die es mir ermöglichte, dieses Buch in dieser Form, in dieser Phase meines Lebens, wirklich werden zu lassen.

1

Zen und Alltag: zwei entgegengesetzte Welten?

Die Frage, welche Bedeutung Zen in Leben und Arbeit hat, steht in unmittelbarem Zusammenhang mit der Frage nach der Essenz des Zen. Der vollständige japanische Begriff ist *Zenna*, vor langer Zeit abgeleitet vom chinesischen *Ch'an-na*. Das wiederum ist die Übersetzung von *Dhyāna*, dem ursprünglichen Sanskritwort für meditative Versenkung. Daneben wird der Begriff *Zazen* gebraucht, was „Sitzen in Stille" bedeutet. Die Zen-Übungspraxis ist in der Hauptsache ein tiefgreifendes persönliches Training, das schließlich zur Essenz des eigenen Wesens führt; einerseits sehr direkt und tiefgründig, andererseits außerordentlich praktisch, und letztlich immer auf die Erleuchtung und Befreiung des Individuums gerichtet. Doch zeigt sich immer wieder, dass es schwierig ist, anderen ein klares Bild dieser Tradition zu vermitteln. Die Essenz des Zen scheint ungreifbar zu sein, nicht in Worte zu fassen. Man sagt sogar, dass Buddha zum Ende seines Lebens, nachdem er 40 Jahre gelehrt hatte, erklärt haben soll, er habe „kein einziges Wort gesprochen". Für einen Außenstehenden muss das merkwürdig klingen, doch in einem bestimmten Sinn und aus einer entsprechenden Bewusstseinsperspektive heraus ist es wahr.

Was man schließlich durch Zen-Übung erreichen kann, nämlich die Erfahrung der Wirklichkeit wie sie *wirklich* ist, ist wohl in Worten nicht zu vermitteln – trotzdem es ist der Mühe wert, davon ein möglichst klares Bild zu skizzieren.

Was bei dieser Tradition auffällt, wie es Garma Chang in *The Practice of Zen* beschreibt, ist ihr unkonventioneller Charakter. Das zeigt sich nicht nur in den Lebensgeschichten berühmter Zen-Meister, sondern auch in der Art, in der sie lehrten. Ein Beispiel: Eines Tage fragte ein Mönch seinen Lehrer Ummon: „Was ist das reine Wesen des Buddha?" – „Eine blühende Hecke", antwortete der Meister ohne zu zögern. Bei anderer Gelegenheit hätte er, abhängig von der Situation, vielleicht gesagt „ein ausgetrockneter Köttel". Die Antwort eines Zen-Meisters kann auch durch Handlung ausgedrückt werden, beispielsweise durch das Hochhalten einer Blume oder indem er dem Schüler einfach einen leichten Schlag gibt. Wie die Antwort auch sei und wie irrelevant sie erscheint, verweist sie doch implizit zu jenem Wesentlichen, das sich in allem offenbart. Die unerwartete Wendung in diesen Dialogen ist Symbol für den unvorhersehbaren irrationalen Raum, in dem sich das alltägliche Leben abspielt. Das Unerwartete beherrscht unser Leben, auch wenn wir uns an logischen Fakten festhalten wollen. Zen bietet eine Methode, diese Seite der Existenz gefühlsmäßig zu erkennen und zu lernen, damit umzugehen.

Was ist der Kern der Zen-Praxis?

Die Übungspraxis des Zen beinhaltet verschiedene Aspekte wie Meditation, Achtsamkeit auf den gegenwärtigen Moment, bewusstes Handeln, achtsames Laufen *(Kinhin)*. Daneben ist auch die Unterweisung durch Kōans, die oft irrationalen Gespräche zwischen Meistern und Schülern, ein wichtiger Teil jahrelangen Zen-Trainings. Im Prinzip ist es nicht so wichtig, wie so eine Kōan-Frage beantwortet wird, denn ihr Inhalt ist immer unkonventionell und mit dem Verstand nicht ergründbar. Wenn man diese Unterweisungsform verstehen will, muss man sich mit der wunderlichen Art vertraut machen, in der sich die alten Zen-Meister ausdrückten. Man muss sich klar machen, dass hinter einem Kōan immer mehrere tiefergehende Aspekte versteckt sind. Die Essenz solcher Kōan-Rätsel ist erst zu ergründen, wenn man den tiefsten Kern des eigenen Inneren erfahren kann. Das ist nie ein kurzer Weg, der so schnell wie möglich zum Ziel führt. Es ist ein Lebensweg, bei dem das Ende nicht das Ziel ist. Das Ziel ist der Weg selbst, das Gehen des Weges, „der Schritt, den du in diesem Moment gehst". In ihren Unterweisungen nutzen die Zen-Meister seit alters her eine Verwirrung stiftende Sprache, die vor allem darauf abzielt, den Schüler von festgefahrenen Denkmustern und Auffassungen zu befreien. Diese Lehrmethode ist Jahrhunderte alt und doch erstaunlich aktuell und brauchbar. Um ein Gespür für die besondere Zen-Vorgehensweise zu bekommen, muss man sich vertraut machen mit dieser ungewöhnlichen Umgangsform und Kommunikation, in der ganz andere Normen gelten. Wenn einem das nicht gelingt, wird diese Vorgehensweise nur zu mehr Verwirrung und Mystifizierung führen, während ihr Ziel eigentlich war, Klarheit zu schaffen.

Zen aus meiner eigenen Erfahrung

Eine oft gestellt Frage ist, ob Zen eine Religion, eine Philosophie oder eine Lebenseinstellung ist. Ich persönlich erfahre die Ausübung des Zen als Leben in seiner Totalität; Zen umfasst für mich jeden Aspekt des Lebens: Abwaschen, WC-Reinigen, ein wichtiges Gutachten schreiben, Sport treiben, Schlafen, Liegen, Essen und Laufen, alles ist Zen. Es lässt sich noch am besten vergleichen mit christlicher Mystik, frei von Dogmen und zugänglich für alle Menschen, für Gläubige, Ungläubige und Atheisten.

Als ich um die Zwanzig war, betrachtete ich mich als Atheistin. Glaube ist Opium fürs Volk, dachte ich wie viele andere; er ist ein Mittel, um der Erkenntnis auszuweichen, dass da eigentlich nichts ist, kein Gott, kein Himmel, nur das nackte Dasein, das unvorstellbar, ungerechtfertigt, voller Leid und Gewalt ist. An diesem Punkt in meinem Leben lernte ich einen Theologen kennen, was dazu führte, dass ich anfing in der Bibel zu lesen. Ich ging zur Bibelstunde und vertiefte mich in entsprechende Literatur. Durch diesen Unterricht und viele sich daraus ergebende Gespräche stellten sich mir bestimmte Fragen immer deutlicher. Was ist der Sinn des Lebens? Was bleibt nach dem Tod? Was habe ich überhaupt aus meinem Leben gemacht, wenn ich jetzt sterben sollte? Hat mein Leben irgendeinen Wert gehabt?

Im Lauf der Jahre wurden diese Fragen drängender und wichtiger. In der Hoffnung, irgendwo einen Anhaltspunkt zu finden, las ich viele Bücher über christliche und auch östliche Mystiker, was den inneren Prozess noch einmal verstärkte. Ich hatte einige Erfahrungen, auf die ich mir selbst keinen Reim machen konnte, deren Darstellung ich aber zu meiner Überraschung in Lebensbeschreibungen von Mystikern wie Teresa von Avila, Johannes vom Kreuz, Franz von Assisi und Paramahamsa Yogananda wiederfand. Doch in meiner Umgebung kannte ich niemanden, der etwas Sinnvolles zu sagen wusste über die großen Lebensfragen oder über die verschiedenen Bewusstseinsschichten, die ich in mir entdeckt hatte.

Der Wendepunkt kam 1991, als ich durch eine deutsche Freundin in Kontakt zu Willigis Jäger kam, einem Benediktinermönch, Mystiker und Zen-Meister. Das war für mich wie ein richtiges Aufatmen. Die Aufrichtigkeit und Selbstverständlichkeit, mit der er seine Gedanken und Einsichten mitteilte, bewegten mich tief. Endlich hatte ich das Gefühl, jemandem gegenüber zu sitzen, der derartige Bewusstseinsschichten aus eigener Erfahrung erklären konnte. Er öffnete mir den Zugang zu einer neuen Dimension, einer inneren Welt, die ich zwar schon selbst entdeckt hatte, die er aber glasklar beschreiben konnte. Seine Betrachtungsweise bestand nicht einfach aus intellektueller und wissenschaftlicher Weisheit, sondern es war deutlich, dass seine Erkenntnisse und mystischen Erfahrungen ganz seine eigenen waren. Ich hatte das Gefühl, endlich nach Hause zu kommen. Diese Begegnung brachte mich auch in Kontakt mit dem Zen-Buddhismus und der Struktur, die die Zen-Übungspraxis bietet. Willigis Jäger half mir, die erwachten Bewusstseinsschichten in meine Erlebniswelt zu integrieren. Was mich an seiner Sichtweise besonders ansprach, waren der klare Aufbau, der Tiefgang und die Gründlichkeit seiner Vorgehensweise, frei von dogmatischen Denkbildern.

Der Weg des Zen

Die Essenz des Zen liegt im Entdecken des Kerns des eigenen Wesens, doch dabei entdeckt man auch, dass das Innere eine gewisse hierarchische Mehrschichtigkeit kennt. Diese Erkundungstour ist wie eine Expedition in neue Gegenden, nur liegt das hier gemeinte Gebiet in der inneren Welt und ist nicht äußerlich sichtbar. Tatsächlich ist es ein unsichtbares Feld von Gefühlsregungen wie beispielsweise tief verborgenen Ängsten und Schmerzen. Der Nutzen der Erkundung ist das Entdecken und Kennenlernen tiefer Gefühle von Einheit und Verbundenheit sowie der eigenen Bewusstseinsmuster.

Ein Beispiel kann das verdeutlichen. Stellen Sie sich zwei Flaschen vor, beide mit verschiedenfarbigen Sandschichten gefüllt. Eine Flasche ist durchsichtig, die andere nicht. In der durchsichtigen Flasche sieht man die verschiedenen Sandfarben gut, in der undurchsichtigen nicht. Diese beiden Flaschen kann man nun mit den menschlichen Bewusstseinsschichten vergleichen, den sichtbaren und den unsichtbaren. Was unsichtbar ist, bleibt im Unbewussten stecken, unkenntlich für einen selbst und für andere. Durch die Zen-Übungspraxis werden diese Bewusstseinsschichten sichtbar: Die undurchsichtige Flasche wird langsam aber sicher durchsichtig. Und wenn man in der Übungspraxis voranschreitet, entdeckt man, dass es ab einem bestimmten Moment gar keine Flasche mehr gibt, um einmal bei diesem Bild zu bleiben. Die übliche Trennung zwischen einem selbst und der Außenwelt verblasst und verschwindet schließlich. Man fühlt sich eins mit seiner Umgebung.

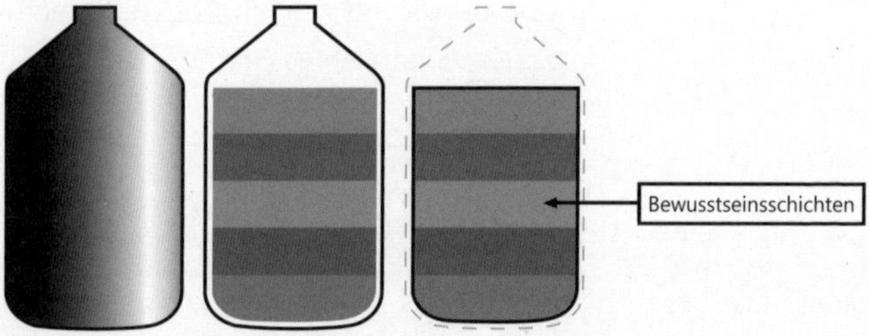

Abb.1: Das Bild der drei zunehmend transparent werdenden Flaschen als Metapher der persönlichen Zen-Entwicklung.

Ein anderes Beispiel: Vergleichen Sie sich einmal mit einem Computer. Das übliche Tagesbewusstsein entspricht dann gerade einmal drei Programmen, sagen wir Word, Excel und PowerPoint. Tatsächlich beherbergt der Computer weit mehr Programme, doch die meisten davon nutzt man nicht, kennt sie nicht und weiß nicht, was man damit machen könnte. Durch die Zen-Übungspraxis werden sozusagen all diese Möglichkeiten zugänglich und handhabbar. Man lernt aus einer breiteren Perspektive heraus zu leben, mit mehr innerer Freiheit und einer größeren Einsicht in die eigene Erlebniswelt. Es geht gar nicht darum, dass man aus seinem heutigen Seinszustand plötzlich ein anderer Mensch wird, es geht um eine Verbreiterung und Vertiefung des eigenen Bewusstseins. Oder, wie der Sufi-Mystiker Rumi schrieb: „Mache deinen Trinkbecher größer, dann kannst du mehr erfassen von dem, was wirklich ist."

Dieser Weg der inneren Entwicklung erfordert jedoch, dass der Übende den Mut hat, einem unbekannten Weg zu folgen. Dieser Weg scheint oft durch Zurückweisung und Verständnislosigkeit der nächsten Umgebung zu führen. Wenn man mit diesem Entwicklungsprozess beginnt, werden die Mitmenschen meistens nicht frohlocken. Sie sind schließlich feste Muster beim Arbeiten, Kochen, Zuhören, Reagieren oder gerade Nicht-Reagieren gewohnt, und wenn man in diese Bereiche plötzlich Veränderung hineinbringt, sind sie oft unangenehm überrascht. Aus einer sonst so verträglichen Person kann durch die Zen-Praxis plötzlich jemand werden, der Widerstand bietet, der es wagt „Nein" zu sagen in Situationen, in denen früher ein gehorsames „Ja" zu hören war. Wenn man dem Zen-Weg folgt, wird man unvermeidlich auf tiefere Bewusstseinsschichten stoßen, die neu, überraschend oder auch erschütternd sind. Oft möchte man dann mit dem Partner oder nahen Freunden darüber sprechen, doch meistens läuft das auf eine Enttäuschung hinaus. Die tiefen Erfahrungen, die für einen selbst so eindringlich und wertvoll sind, werden von der eigenen Umgebung einfach nicht verstanden oder nicht anerkannt.

Das ist auch die Lehre aus dem bekannten Gleichnis von Platon über die Menschen, die angekettet in einer Grotte sitzen und einzig die sich bewegenden Schatten auf der entgegengesetzten Wand sehen. Sie sind völlig davon überzeugt, dass die Wirklichkeit sich dort abspielt. Als es eines Tages einem von ihnen gelingt, sich von den Ketten zu befreien und er sich umdreht, sieht er das Feuer, das die Schatten wirft. Hinter der Feuersglut erkennt er noch eine weitere Glut. Neugierig bewegt er sich auf dieses Licht zu und kommt zur Öffnung der Grotte. Dort wird er geblendet von strahlendem Sonnenlicht und kneift die Augen zu, schaut dann aber voller Verwunderung auf die Welt, die vor ihm liegt. Das warme helle Licht genießend, fühlt er sich völlig glücklich. Dann erinnert er sich an seine Kameraden, die noch in der Grotte bei den Schatten sitzen und nicht die geringste Idee von der Welt hier draußen haben. Er kriecht zurück, um ihnen von seiner phantastischen Entdeckung zu berichten und sie in die glückselige sonnenüberströmte Welt außerhalb der Grotte mitzunehmen. Aber diese glauben ihm nicht und erklären ihn für verrückt. Und weil er aus dem blendenden Sonnenlicht in das Dunkel zurück kam, kann er die Schatten weniger gut unterscheiden als vorher, woraufhin die andern ihm vorwerfen, dass er sich auch noch seine Augen verdorben habe durch diese sinnlose Unternehmung.

Kurz, Zen ist eine Disziplin für Menschen, die es wagen wollen, sich mit den wesentlichen Fragen zu beschäftigen; Fragen wie: Wer bin ich? Was ist das Geheimnis von Leben und Tod? Was ist der Sinn von allem? Was bedeutet das Leiden so vieler Menschen auf dieser Welt? – Das ist nicht der einfachste Weg, doch er ist die Mühe wert, da man sich beim Fortschreiten zunehmend freier fühlt, sich selbst näher kommt und den Alltag aus dieser neuen Haltung angeht. Der Weg gibt Antwort auf tiefgehende Lebensfragen. Nicht aus intellektueller Sicht, sondern aufgrund ganz direkter und persönlicher Erfahrung.

Zen ist das Leben selbst

Tatsächlich ist Zen eine Lebensweise, die gegründet ist auf Ruhe, Besinnung, Meditation, Aufmerksamkeit für die Dinge, die man tut, mit dem Ziel, Einsicht in die eigenen tieferen Schichten zu erlangen. Wenn diese Entwicklung fortschreitet, ist der Geist im Stande eine allumfassende Einheit zu erfahren, die einen letztendlich wieder ins normale Alltagsleben zurückführt. Danach wird es möglich, das Einheitserleben in allem zu erfahren, auch in gewöhnlichen Dingen wie Abwaschen oder den Hund raus führen. Das Ziel dieses Entwicklungsprozesses ist es, aus der eigenen einzigartigen Persönlichkeit zu einem vollständigen Menschen zu werden. Die Individualität eines jeden ist wie ein einzigartiger Klang, der noch nie gehört wurde und doch zum großen Ganzen der Symphonie gehört. Im höchsten Stadium des Einheitserlebens erfährt man sich selbst als Form, als Mensch, und auch als Leere (im Sinn von freiem Raum, in dem sich alles formen kann). Man fühlt sich aufgenommen in eine Einheit, was bewirkt, dass Form ihre Form verliert, dass der Mensch keine abgesonderte Einheit mehr ist, dass die Flasche keine Flasche mehr ist. Man erfährt sich selbst als Form und Leere zugleich.

Der historische Hintergrund des Zen

Der Ursprung des Buddhismus liegt bei Buddha Shākyamuni, der vor 25 Jahrhunderten als erster seine wahre Natur entdeckte, die Buddha-Natur. Er erwachte zur Wirklichkeit und wollte seine tiefgehende Erfahrung anderen weitergeben. Damit befand er sich in einer schwierigen Situation, da diese tiefste Erfahrung anderen nicht erklärt werden kann. Je intensiver eine innere Erfahrung ist, desto weniger Worte stehen zur Verfügung, um das Außergewöhnliche auszudrücken. Die

Tiefe des Erlebten ist nur hinter den Worten zu finden. Deshalb nehmen auch viele Mystiker ihre Zuflucht zu poetischen Versen oder nebulösen symbolischen Worten. Es liegt sozusagen ein Geheimnis hinter dem Geheimnis des Lebens. Der Seher liest und ergründet das Geheimnis, das hinter den Worten verborgen liegt. Aus diesem Grund rezitiert man während Zen-Sesshins regelmäßig Sūtren, heilige Texte, die aus diesem klaren und erwachten Bewusstsein geschrieben wurden. Ein Sūtra wird wiederholt, bis der Moment kommt, in dem der „blinde" Leser dessen wahre Bedeutung ergründen kann und mit anderen Augen liest. Der folgende Text, der während eines Sesshins täglich rezitiert wurde, war in dieser Hinsicht für mich sehr wichtig:

Es gibt eine Wirklichkeit, die vor Himmel und Erde steht.
Sie hat keine Form, geschweige denn einen Namen.
Augen können sie nicht sehen.
Lautlos ist sie, nicht wahrnehmbar für Ohren.
Sie Geist oder Buddha zu nennen, entspricht nicht ihrer Natur.

Wie das Trugbild einer Blume wäre sie dann.
Nicht Geist noch Buddha ist sie;
vollkommen ruhig erleuchtet sie in wunderbarer Weise.
Nur dem klaren Auge ist sie wahrnehmbar.
Der Dharma ist sie, und wirklich jenseits von Form und Klang.

Das Tao ist sie, und Worte haben nichts mit ihr zu tun.
In der Absicht, Blinde anzuziehen
ließ Buddha seinem goldenen Munde spielerische Worte entspringen.
Seitdem sind Himmel und Erde überwuchert mit dichtem Dornengebüsch.

O meine lieben und ehrenwerten Freunde, die ihr hier versammelt seid:
Wenn ihr euch danach sehnt, die donnernde Stimme des Dharma zu hören,
gebt eure Worte auf, entleert eure Gedanken,
dann kommt ihr soweit, das eine Sein zu erkennen.

Dieses Sūtra des Meisters Daio Kokushi (1235–1308), enthalten in Willigis Jägers Sammelband *Mystische Spiritualität*, habe ich jahrelang rezitiert, ohne seine eigentliche Bedeutung zu begreifen. Als ich plötzlich erkannte, was damit eigentlich gemeint war und welches Erleben hinter den Worten liegt, war ich tief gerührt. Zudem macht dieser Text klar, dass jeder Versuch, die tiefste Wirklichkeit in Worten anzudeuten, tatsächlich nur Verwirrung stiftet. Dort steht, dass Himmel und Erde mit Dornensträuchern übersät waren, sobald der Buddha sich verleiten ließ, das Unaussprechliche in Worten auszudrücken. Der Text sagt, dass die reine Erleuchtungserfahrung nicht benennbar ist, dass sie weder in Worten noch in Denkbildern zu fassen ist, und das gilt auch für Buddhas unerfassbare Erfahrung. In der Bibel wird ein vergleichbarer Entwicklungsprozess im Leben Jesu beschrieben. Nach seiner tiefgreifenden Erfahrung blieb er 40 Tage in der Wüste, wo er vom Teufel in Versuchung gebracht wurde. Tiefe mystische Erfahrungen sind wie frisch gepresste Trauben. Der eigentliche Reifungsprozess spielt sich im Weinkeller ab, wo nichts Sichtbares passiert. Es ist jedoch wichtig, dass der Wein genügend Zeit erhält zu reifen, bis er schließlich trinkbar ist. Und das gilt auch für tiefe persönliche Erfahrungen. In der Zen-Lehre wird ausdrücklich vor der Neigung gewarnt, solche Erfahrungen mit anderen teilen zu wollen. Das ist nur dann sinnvoll, wenn der Gesprächspartner weiß, wovon man spricht, und einem helfen kann, die Erfahrungen mit dem normalen Funktionieren im Alltag in Einklang zu bringen.

Das Sūtra des Daio Kokushi sagt, dass auch Buddha mit widerstrebenden Tendenzen in sich selbst kämpfte, aber schließlich doch beschloss, seine Einsicht mit anderen zu teilen, auch wenn Worte gebrechlich und unzureichend sind. Inhaltlich führt Buddhas Erfahrung zur Befreiung. In der Zen-Unterweisung wird gezeigt, welcher Route man folgen kann, um dort hin zu gelangen. Buddha Shākyamuni verweist hier auf den „Achtfachen Pfad", der zur Aufhebung des menschlichen Leids führt. Er gibt uns damit eine Methode an die Hand, um die Dinge so zu sehen, wie sie wirklich sind: fließend, vergänglich, von kurzer Dauer. Wenn man bereit ist, diese Einsicht zu akzeptieren und die Verschleierungen des normalen Bewusstseins zu durchbrechen, entdeckt man, dass alle Erscheinungen von Natur aus klar und strahlend sind.

Was wir mit unseren Sinnesorganen wahrnehmen, halten wir für die Realität. Seit dem Aufkommen der Quantenmechanik wird jedoch zunehmend klarer, dass die Objekte, die unserer Meinung nach zur festen Materie gehören, größtenteils aus Interaktion von Energie bestehen. Auch in der Wissenschaft hat man akzeptieren müssen, dass kaum noch von fester Materie gesprochen wird, sondern vor allem von leerem Raum, Bewegung, Veränderung und Unbestimmbarkeit. Und damit kommt die Wissenschaft der Vision der Wirklichkeit, die man im Buddhismus hat, überraschend nah. Aufgrund mystischer Erfahrungen könnte man die Wirklichkeit wie folgt beschreiben: es gibt keine Beständigkeit, nur Ausstrahlung, oder anders gesagt, ein Fluidum von Frequenzen und Lichtfeldern. Und innerhalb dieses unsichtbaren energetischen Felds kann man entdecken, was die eigene wirkliche Identität ist. Nach zenbuddhistischer Auffassung bildet diese wirkliche Identität, also das Einswerden mit dem eigenen fundamentalen Wesen, die Essenz des Zen. Damit greift diese Sichtweise zurück auf die erste tiefgreifende Erfahrung des Buddha.

Am Ende des ersten nachchristlichen Jahrhunderts wurde der Zen-Buddhismus über die Seidenstraße nach China gebracht. Dort verbreitete er sich ziemlich rasch über das ganze Land und ging eine gewisse Vermengung mit den philosophischen und lebensanschaulichen Schulen des Taoismus und Konfuzianismus ein. Das ursprüngliche Sanskritwort *Dhyāna* veränderte sich unter dem Einfluss der chinesischen Sprache zu *Ch'an-na*. Die Meditationsschule, die dort erblühte, war gekennzeichnet durch das Üben im Lotussitz und den Gebrauch des *Kung-an* (später in Japan *Kōan* genannt), des rätselhaften Dialogs zwischen Meister und Schüler. Das Ziel des Kōans war, den Schüler in Hinblick auf den Grad seiner Erleuchtung zu testen oder ihn mit dem jenseits aller Logik stehenden Zustand der Erleuchtung zu konfrontieren, eine Erfahrung die auf japanisch *Satori* genannt wird. Einige Jahrhunderte nach seinem Entstehen wurde der Ch'an-Buddhismus nach Japan gebracht. Das chinesische Wort *Ch'an-na* wurde zu *Zenna*, das häufig zu *Zen* abgekürzt wird. In der religionsphilosophischen Geschichte Asiens hat die Zen-Tradition – als Schule, Übungspraxis und Erleuchtungszustand – einen wichtigen Platz eingenommen. Sie gilt als letztendliche Schulung, in der der Lernende von einem kundigen Lehrer durch das unwirtliche Gebiet der Tiefen der Seele gelotst wird. Die Grundbedingung ist, dass der Lehrer diese Erfahrung kennt, sie vollkommen durchlebt hat und sie auf den Schüler übertragen kann. Das letzte Wort bei der Ausübung des Zen ist das Unaussprechliche der tiefsten Erfahrung.

Der Geschmack des Zen

Genau besehen dreht sich die Ausübung des Zen nicht nur um das Befolgen einer Unterweisung, sondern vor allem um eine Daseinsweise, die sich in der Lebenshaltung ausdrückt. Nicht das, was uns passiert, bestimmt unser Wohlbefinden, sondern die Art, wie wir mit den Geschehnissen umgehen. In Bezug auf die eigene Innenwelt geht es also darum, einen „persönlichen Erfahrungsweg" zu gehen, um die uns innewohnende Buddha-Natur zu verwirklichen. Die Begleitung eines kundigen Lehrers hilft einem, die dabei erfahrenen Aspekte mit dem Rest des eigenen Lebens zu einem harmonischen Ganzen zu integrieren.

Das Leben traditioneller Mönche in Japan war völlig dem Zen und dem Erreichen des erleuchteten Standes geweiht. Sie wussten, dass die letzte Einsicht nur erreicht wird durch jahrelange strikte Übung harter, bedingungsloser Selbsterforschung. Aus dieser Perspektive muss man, in den Worten von Garma Chang, eine Kōan-Diskussion als Höhepunkt eines Schauspiels ansehen und nicht als eine vollständige Geschichte. Der knappen Kōan-Beschreibung ging in der Regel eine erläuternde Geschichte voraus, die jedoch nicht bewahrt geblieben ist. Häufig wird am Ende eines Kōans festgestellt, dass der Schüler plötzlich erleuchtet ist. Doch in der Praxis wissen Mönche, dass es Unsinn ist zu glauben, dass die Erleuchtung jedes Mal nach dem Ende einer Unterhaltung mit dem Meister plötzlich durchbricht. Erleuchtung wird erreicht durch einen Entwicklungsprozess aufgrund verschiedener innerer Erfahrungen. Die entstehen meistens in Momenten, in denen man überhaupt nicht daran denkt. Momente des Satori, worin die Erleuchtung kurzzeitig erfahren wird, sind natürlich wichtig, doch sie gelten im Zen nur als ein Anfang. Vor dem Erreichen des Satori wird Zen allerdings aus einer intellektuellen Sichtweise angegangen. Die Erleuchtungserfahrung ist nichts anderes als der Anfang eines inneren Erfahrungsweges, der kein Ende kennt.

Die Mönche in den Klöstern, sagt Garma Chang, „sprachen Zen, hörten Zen, schmeckten und rochen Zen zu jedem Augenblick des Tages". Für Abendländer sieht das anders aus. Wir leben nicht in einem Kloster und befinden uns nicht in einer Umgebung, die uns stimuliert, Zen zu hören, zu sehen, zu schmecken und zu erfahren. Das kann man am besten anhand der chinesischen Begriffe *Chien* und *Hsing* beschreiben. Als Verb hat Chien die Bedeutung *ansehen, anschauen*; als Substantiv bedeutet es *Einsicht* oder *Übersicht*. Der Begriff Hsing bedeutet *Praxis*, *Aktion* und *Arbeit* beziehungsweise *das in die Praxis Umsetzen der erworbenen Einsicht*. Die Ausübung des Zen läuft also auf ein Zusammenspiel von Chien und Hsing hinaus. Außerdem geht es nicht nur um Einsicht als solche, sondern vor allem um die erwachte Einsicht aufgrund einer persönlichen Satori-Erfahrung. Aus dieser Satori-Erfahrung heraus kann man dies umschreiben als das Schauen der Realität, so wie sie wirklich ist. Das bedeutet nicht, dass man Macht oder Kontrolle über die Wirklichkeit hat, sondern dass man im gegenwärtigen Moment die Dinge aus dieser Einsicht angeht. Es ist das Setzen des richtigen Schrittes zur richtigen Zeit. Chien könnte man als den ersten Schritt betrachten: den Weg zur tiefgreifenden Einsicht; und Hsing ist dann der zweite Schritt: diese Einsicht in die Praxis zu integrieren, in die eigene Arbeit, in den Alltag. Darum ist es wichtig, regelmäßig in Stille zu sitzen und zu lernen, die eigenen Gedanken loszulassen, wodurch man in sich selbst eintauchen kann und zu einem viel unmittelbareren Kontakt zu sich selbst kommt. Durch Selbstergründung und dauerhafte Übungspraxis muss man lernen, jede Handlung vollständig aufmerksam zu verrichten, völlig im Hier und Jetzt. Zu einem bestimmten Zeitpunkt kann es nützlich sein, einen Führer zu suchen, der den Weg selbst hinter sich hat und die Route kennt. Durch das Gehen dieses Wegs verändert man sich von innen heraus und dadurch verändert sich auch die eigene Umgebung. Beim Fortschreiten erhält man Einsicht und ein Gefühl für die unlogischen und unberechenbaren Aspekte des Lebens.

Eines Tages erklärte ein Schüler seinem Meister: „Als ich mit Zen begann, veränderte sich zuerst mein Essverhalten, dann der Inhalt meines Bücherschranks, danach die Art, mich zu kleiden und schließlich veränderte sich sogar mein Freundeskreis." So eine Entwicklung ist tatsächlich kein geradliniger Prozess. Es ist ein Weg, der sich allmählich formt, wie ein mäandernder Fluss, der stets wieder überraschende Aussichten bietet. Man taucht sozusagen zum Boden des Ozeans, und merkwürdigerweise erklimmt man bei diesem Abtauchen gleichzeitig einen Berg. Bei dieser scheinbar entgegengesetzten Bewegung entdeckt man, dass sich durch das Tauchen der Horizont erweitert, als stünde man auf dem Gipfel eines Berges. Eine Aussicht, die man während des Abtauchens beziehungsweise Erklimmens nicht hat erahnen können.

Zusammenfassend kann man sagen, dass einem die Zen-Übungspraxis einen Weg nach innen weist, zum Kern des eigenen Wesens. Es geht hier letztendlich darum, selbst den erleuchteten Zustand zu erfahren, den Buddha seinerzeit erfahren hat. Es ist eine Disziplin, die von innen heraus zur Befreiung führt. Ein Kloster und ein Aufenthaltsort in einsamer Abgeschiedenheit sind nicht die geeignetsten Orte für diese Übungspraxis. Das wirkliche Arbeitsfeld des Zen ist das tägliche Leben. Dieser Erfahrungsweg ist unlogisch, irrational und äußerst überraschend. Er ist eine Entdeckungsreise in unbekannte Gebiete, die letztendlich zur Befreiung von der zwingenden, beengenden Kraft der Emotionen und Gefühle führt.

■

2

Zen in der modernen Gesellschaft

Was soll man sich unter der auf den ersten Blick etwas merkwürdigen Kombination von Zen und gesellschaftlichem Leben vorstellen? Die Begriffe und Dimensionen, um die es geht, scheinen einander zu widersprechen. Die meisten Menschen gehen davon aus, dass Zen-Ausübung vor allem darin besteht, auf einem Meditationskissen zu sitzen, auf eine Wand zu starren und an langen Retreats teilzunehmen, bei denen nicht gesprochen werden darf. Logischerweise denken sie dann, dass derartig passive Aktivitäten schlecht mit der Alltagsrealität kombinierbar sind. Und dann kommt die Frage auf: Stehen die Methoden, die Zen anbietet, nicht in schrillem Gegensatz zum eigenen Alltagsleben, zum Arbeitsleben, den sozialen Kontakten und dem enormen Einfluss der Medien und des Internets? Kann man innere Reflexion überhaupt mit der Hektik des Alltags verbinden?

Zen für Führungskräfte

Ursprünglich war die Ausübung des Zen für Mönche gedacht, die ihr ganzes Leben der Suche nach dem Letztendlichen widmen wollten. Aus historischen Berichten erfährt man allerdings, dass sich auch Leiter früherer asiatischer Reiche mit solchen

Disziplinen beschäftigten: Könige, Kaiser sowie deren Minister, Lehnsmänner und Heerführer. Dieses Training sollte ihnen die Weisheit vermitteln, die erforderlich war, um das Land zu führen und zu schützen.

Abb. 2:
Hakuins Motto:
Meditation in Aktivität ist tausendmal mehr wert als Meditation in Abgeschiedenheit!

Zen für Führungskräfte als sinnvolles Training für Menschen im Berufsleben ist also nicht so neu, wie man denken mag. Doch wie passt es in unsere moderne Gesellschaft? Im Alltagsleben wird man mit seinen Gedanken fortwährend in die Zukunft gezogen oder manchmal in die Vergangenheit, aber selten ins Jetzt. Uns geistern Fragen durch den Kopf wie: Was muss ich diese Woche alles erledigen? Welche E-Mails muss ich heute noch beantworten? Welche Briefe muss ich morgen schreiben? Wie sieht mein Terminkalender für nächste Woche aus? Das Leben läuft immer schneller und überwältigt einen mit Eindrücken aus Internet, E-Mails, Radio und Fernsehen. Man hat kaum Zeit, all diese Informationen zu verarbeiten, geschweige denn sie sacken zu lassen und Gefühle und Empfindungen wirklich zu sich durchdringen zu lassen. Im Berufsleben nimmt der Druck zu, und es muss mehr geleistet werden in weniger Zeit. Man kann sich nicht mehr kurz zufrieden zurück lehnen, wenn etwas fertig ist, weil man sofort nervös wird wegen der Aufgaben, die noch nicht erledigt sind. Man leidet unter Stress, und durch hastige Bewegungen und Entscheidungen entstehen zusätzliche Fehler, die wieder mehr Zeit kosten.

Konzentration als Übung

Nicht nur am Arbeitsplatz fühlen wir uns gejagt, auch zu Hause laufen wir an uns selbst vorbei, weil wir stets darüber nachdenken, was wir noch alles tun müssen, können oder wollen. Betrachten Sie nur unsere Essgewohnheiten: Ein schnelles Frühstück, ein hastiges Mittagessen und eine Abendmahlzeit, die nicht viel Zeit kosten darf. Wir essen zu schnell, zu achtlos, und die Lücken werden mit Snacks aufgefüllt. Wenn der Körper zu protestieren beginnt, sind wir ganz verwundert. In fast allem, was wir tun, legen wir ein höheres Tempo an den Tag, als es für uns gut ist. Wir merken kaum, dass wir einen Körper haben, bis sich Kopfschmerzen oder saures Aufstoßen melden. Signale, die anzeigen, dass es einfach zu viel ist und dass alles zu schnell gehen musste. Die meisten von uns greifen in solchen Fällen zu Schmerzmitteln und gehen wieder zur Tagesordnung über. Wenn man aber solche Signale systematisch negiert, wird die Distanz zwischen Denken und Fühlen immer größer. Dann geht man wie ein „Kopf auf Stelzen" durchs Leben, bis eines Tages der fatale Wendepunkt erreicht ist. Zeit nehmen für Essen und Trinken, aufmerksames Schmecken, Bissen für Bissen, Schluck für Schluck. Ein passender Moment, um sich selbst etwas Aufmerksamkeit zu schenken und zu lernen, den eigenen Rhythmus zu fühlen. Vor allem bei dieser Art kleiner, aber wichtiger Alltagshandlungen kann man sich im Zen üben.

Eigentlich ist das Alltagsleben eine einzige große Zen-Übung. Frühmorgens kann man mit einer kurzen Meditation den Tag beginnen, bevor man etwas anderes tut. Das scheint unbequem, und das ist es zuerst auch. Aber es tut gut, und wenn man es schafft, diese Disziplin aufzubringen, wird man diese Praxis im Laufe der Zeit als angenehm empfinden. Meditieren gibt Ruhe, mentalen Raum und Einsicht ins eigene Innere. Man kann es vergleichen mit einer Katze, die auf einem

Baumast liegt, döst und der Welt völlig entrückt scheint. Wenn man aber ihre Ohren betrachtet, sieht man, dass sie ganz und gar wach ist. Während der Meditationsübung sitzt man still und passiv auf einem Kissen, aber Meditation an sich ist eine aktive Beschäftigung. Aus einer aktiven und wachen Haltung heraus nimmt man wahr, lässt alle Gedanken los und nimmt Stille in sich auf. Man erfährt sogar die Stille hinter der Stille. Durch Meditation verändern sich die Tagesinhalte langsam aber sicher; es wird einem besser gelingen, bei sich selbst zu bleiben und sich nicht vom Leben jagen zu lassen. Und nach einiger Zeit der Übung überträgt sich auch die Haltung der auf einen Punkt gerichteten andächtigen Konzentration in den Alltag. In dieser Weise fließt die Meditation in die gewöhnlichsten Tätigkeiten ein. Die alltäglichen Dinge bilden die Außenseite des Zen; die Innenseite besteht aus der persönlichen Entwicklung und dem zugänglich Werden der eigenen Bewusstseinsschichten. Das bekannte Kōan „Wasche deine Reisschüssel ab" zeigt deutlich, wie und warum Zen zum Alltagsleben gehört:

> *Einst gab es einen Mönch, der zu Zen-Meister Joshu ging, um unterrichtet zu werden und ihm sagte: „Meister, ich bin gerade in dieses Kloster eingetreten, würdet Ihr mich belehren?" – „Hast du deine Schüssel Reis schon leergegessen?", fragte Joshu. Der Mönch antwortete: „Ja, das habe ich." – „Wasche dann die Reisschüssel ab", sagte Joshu. In diesem Moment kam der Mönch zu einer tiefgreifenden Einsicht.*

Wie in allen Kōans geht es auch hier um das Erfahren der eigenen wahren Natur, die im Buddhismus Buddha-Natur genannt wird. In dem Gespräch fragt der Meister den Mönch, ob er schon seinen Reis gegessen habe. Das ist eine versteckte Frage, tatsächlich fragt Joshu, ob er schon eine Erleuchtungserfahrung hatte. Als der Mönch das bejaht, verweist ihn Joshu

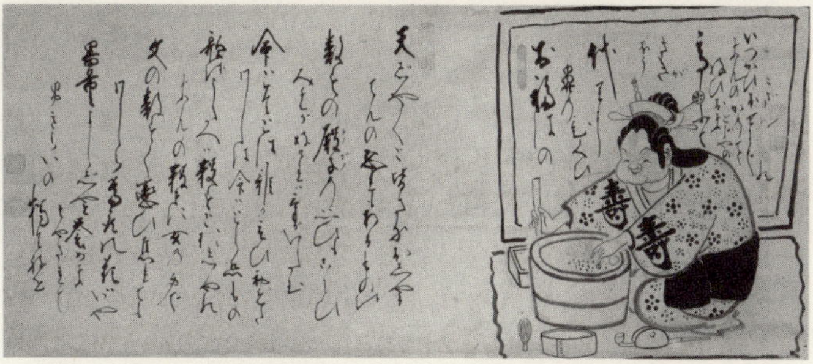

Abb. 3: Abwaschen als Übung, um mit seinem ganzen Wesen in einer Handlung aufzugehen – Tuschezeichnung von Hakuin

zur praktischen Handlung des Abwaschens. Warum tut er das? Joshu weiß nur zu gut, dass man nach der ersten Erleuchtungserfahrung darauf auf gewisse Weise stolz ist. Man hat schließlich Teile der Wirklichkeit erfahren, die den meisten Menschen verborgen ist und von der sie sich noch nicht einmal eine Vorstellung machen können. Der Schüler läuft jetzt Gefahr, in der Erleuchtungserfahrung stecken zu bleiben, was ihn eher zur Entfremdung bringen würde statt näher zu sich selbst. Die Zen-Meister wissen, dass man die Erleuchtungserfahrung sozusagen auslöschen muss. Damit meint man, dass der Schüler diese Erfahrung bis in jede Faser seines Körpers und seines Wesens aufnehmen muss. Erst dann wird das Erleben einer anderen Wirklichkeit nicht mehr als etwas Ungewöhnliches angesehen werden, sondern als Normalität, die täglich erfahren wird. Es geht um Alltagsdinge, um das Abwaschen. Und je stärker der Schüler erfährt, dass er im Abwaschen aufgehen kann, desto näher kommt er sich selbst, seinem wahren Wesen.

Zur „Flucht ins Abwaschen" rät auch Thich Nhat Hanh. Dann gibt es nur noch Abwaschen – Geschirr, Waschen, Wasser. Oder doch nicht ganz? Gibt es vielleicht noch mehr?

Als Kind hatte ich einen riesigen Widerwillen gegen das Abwaschen. Immer wieder gab es Streit mit meiner Schwester über die Frage, wer von uns abwaschen und wer abtrocknen sollte. Und dann musste ich noch aufpassen, dass sie nicht einfach verschwand, bevor die Arbeit beendet war. Damals fand ich das alles fürchterlich, aber im Laufe der Jahre ist Abwaschen für mich eine Tätigkeit geworden, in die man sich hineinflüchten kann, in der man aufgehen kann. Die Hände im warmen Seifenwasser, das Abwaschen einer Tasse, nur die eine Tasse zählt jetzt. Wenn man im Abwaschen aufgehen kann, dann kann man auch die eine Wirklichkeit erfahren. In dieser einen Handlung kann man Ruhe erfahren, sich von Gedanken befreien und einfach nur Abwaschen. Nicht mehr als das. Es geht um den Alltag. „Ein spiritueller Weg, der dich nicht zum Alltag führt, ist ein Irrweg", sagt Willigis Jäger. Auf genau das weist Zen-Meister Joshu hin. Alles geht um den Alltag, dort liegt die Essenz des Zen, im Schlafen, Sitzen, Essen, Laufen. Das wird auch in den folgenden beiden Geschichten aus *The Wisdom of Chan Buddhism* von Jing Hui deutlich gemacht:

> *Während der späten Tang-Dynastie lebte in China ein Mönch namens Long Tan; sein Meister war Tianhuang Daowu. Long Tan hatte lange Zeit bei seinem Meister verbracht, aber ihm wurde schließlich klar, dass sein Meister ihm nie etwas über die Essenz des Zen gesagt hatte. Long Tan ging zu ihm und sprach: „Ihr habt mir nie erklärt, was die Essenz des Zen ist, während ich hier doch schon so lange bin. Was habt Ihr mir eigentlich gezeigt?"*
>
> *Der Meister antwortete: „Als du mir Tee bereitet hast, habe ich ihn getrunken. Als du mir eine Mahlzeit bereitet hast, habe ich sie gegessen. Sind das keine Dinge, die die Essenz zum Ausdruck bringen?" Long Tan beugte sein Haupt und schwieg einen Moment. Sein Meister fuhr fort: „Ergreife die Essenz im rechten Moment, sobald sie sich zeigt. Es*

wird anders sein, als du es dir denkst." Durch seinen Meister in die Enge getrieben, kam Long Tan zur Erleuchtung. Daraufhin fragte er seinen Meister um Rat: „Wie kann ich diesen Zustand der Erleuchtung aufrecht erhalten?" – „Verhalte dich auf eine natürliche, sorglose Weise", sagte der Meister, „und lass' alles so laufen, wie es will. Frei von jeglichem Festhalten. Das allein garantiert vollständige Erleuchtung."

In einem Gespräch zwischen zwei Zen-Meistern wird diese Ansicht noch einmal bestätigt:

Meister You Yuan fragte Meister Hui Hia: „Versuchst du den Weg in dir selbst weiter reifen zu lassen?" – „Ja", antwortete Meister Hui Hia. – „Wie machst du das?" fragte You Yuan weiter. – „Ich esse, wenn ich Hunger habe, ich schlafe, wenn ich müde bin", war die Antwort. – „Ja, aber", sagte Meister You Yuan, „das tut doch jeder? Meinst du, dass jeder versucht, dasselbe zu tun wie du?" – Hui Hia antwortete: „Nein, denn wenn ein normaler Mensch isst, denkt er stets an andere Dinge. Und wenn er zu Bett geht, kann er nicht schlafen, weil er den Kopf voller Gedanken hat über seinen persönlichen Gewinn und Verlust. Das ist der essenzielle Unterschied."

Die Art, in der Zen-Meister essen und schlafen, unterscheidet sich erheblich von der Art, in der das gewöhnliche Menschen tun. Und das ist der wichtigste Grund, warum die meisten von uns im Alltag den Zen-Zustand nicht erfahren können. Wenn wir unsere Sorgen und Gedanken tatsächlich während des Essens und Schlafens loslassen könnten, wären wir ebenso kompetent wie die alten Meister. Es ist so, wie es Thich Nhat

Hanh in seinem Buch *Frieden beginnt bei dir selbst* ausführt. Beim andächtigen Essen, andächtigen Gehen, andächtigen Zuhören, weist er ausdrücklich darauf hin, im Moment des Essens die Zuflucht im Essen zu suchen; beim Gehen rät er, in jedem Schritt aufzugehen. Wenn man geht, soll man mit ganzem Geist und ganzem Körper gehen, völlig konzentriert und hingegeben. Dann berührt man mit jedem Schritt das Letztendliche. Dann ist man der eine Schritt. Das aufmerksame Gehen wird einen zur Verlangsamung bringen, was heilend wirkt und hilft, Unruhe aus dem Geist zu vertreiben.

Zen und Arbeit

Das Unaussprechliche findet seinen Weg nicht nur ins Privatleben, sondern auch in die Arbeitswelt. Zen ist also nicht etwas, das außerhalb der Gesellschaft steht. Es ist deshalb auch wichtig, die Gegenüberstellung „Zen versus Arbeit", die oft gefühlt wird, zu durchbrechen. Meine Tätigkeit als Unternehmerin ist für mich eine ebenso gute Ausdrucksform des Zen wie meine tägliche Übungspraxis und mein Familienleben mit heranwachsenden Kindern. In dieser Hinsicht erfahre ich ganz stark, dass Zen und Arbeit zwei Aspekte meines Lebens sind, die gegenseitig aneinander anschließen und eben nicht miteinander im Streit liegen. Stärker noch: Persönliche Entwicklung und die Entwicklung der beruflichen Laufbahn behindern einander nicht, sondern formen ein logisches Ganzes. Trotzdem wird die Zen-Übungspraxis häufig als spiritueller Weg angesehen, der nach innen führt, bei dem man viel auf Meditationskissen sitzt und an Sesshins teilnimmt. Letzteres ist eine Retreat-Form, in der man sich auf sich selbst zurückzieht, zwar in Anwesenheit von anderen und durch einen Lehrer begleitet, aber mit langen Perioden von Stille und Meditation. Doch stehen solche Aktivitäten wirklich im Gegensatz zum täglichen Lauf der Dinge?

Wie verläuft denn ein gewöhnlicher Wochentag? Morgens früh raus, im Stau stecken, zum Büro, später dem Partner und den Kindern Unterstützung und Aufmerksamkeit schenken, mit Freunden und Familie ein soziales Leben führen, Sport treiben, usw. Außerdem gibt es jeden Tag Post, E-Mails, Fernsehen, Radio und die Zeitung. Die Sinnesorgane werden ständig durch Bilder und Töne gereizt, wobei ein Zuviel an Reizen einen unweigerlich von sich selbst entfernt. Im Arbeitsleben, aber auch außerhalb davon, bekommen viele Menschen das gehörig zu spüren und stoßen an ihre Grenzen. Unser gesteigertes Lebenstempo in Kombination mit dem Übermaß an Kommunikation führt dazu, dass wir irgendwann die Orientierung verlieren.

Wer kennt noch die enorme Wohltat, die von Ruhe ausgeht, und wie man sich dadurch wieder aufladen kann, neue Energie sammeln kann? Ruhe und Stille sind für manche Menschen sogar bedrohlich geworden. Viele Studenten und Schulkinder scheinen besser bei Musik als in Stille zu lernen. Auch an vielen Arbeitsstätten läuft den ganzen Tag das Radio. Sogar beim Warten auf eine Telefonverbindung wird man ungefragt mit Musik berieselt. Ruhe und Stille können als bedrohlich erfahren werden, weil man in diesem Moment mit sich selbst konfrontiert wird – mit der *Black Box*, die vielleicht Informationen über unverarbeitete Emotionen und Ängste enthält, die in diesen Stille-Momenten eine Chance erhalten, sich zu zeigen. Davor kann man in der Tat Angst haben. Ich höre Leute häufig sagen: „Seit ich pensioniert bin, habe ich mehr zu tun als je zuvor." Aber warum? Was ist der tiefe Grund, dass sich ein Pensionär so viel Arbeit aufhalst? Meines Erachtens wäre es logischer, sich in diesem Lebensabschnitt mehr auf Reflexion und Einkehr zu richten.

Ist in all der gesellschaftlichen und kommunikativen Unruhe die Anwesenheit von Zen zu erkennen? Zwischen all dem Stress und der Hektik des Daseins? Ja, natürlich. Die ursprüngliche Wirklichkeit, auf die sich die Zen-Übungspraxis richtet, umfasst das ganze Leben und manifestiert sich in allen Formen, also auch in diesen. Der Punkt ist, dass wir uns dessen einfach nur nicht bewusst sind; wir suchen auch nicht die Anwesenheit des Zen im täglichen Durcheinander, geschweige denn dass wir sie dort erkennen. Zen lehrt Aufmerksamkeit im Hier und Jetzt. Ruhe inmitten von Ruhelosigkeit. Nehmen wir einen Wirbelsturm als Sinnbild von Gewalt und Bewegung. Doch mitten im Wirbelsturm befindet sich das Auge des Sturms, in dem völlige Ruhe herrscht. Wenn man es wagt, sich in dieses Zentrum zu begeben, wird man inmitten der unbeherrschbaren Sturmkräfte Ruhe und Stille finden. Ähnlich kann man auch Ruhe und Stille in seinem eigenen Zentrum erfahren und diese schließlich auch in einer völlig chaotischen Umgebung aufrechterhalten.

Ruhe und Stille sind Qualitäten, die man durch Training entwickeln kann, zum Beispiel durch tägliches Meditieren. Bei der Zen-Übungspraxis geht es darum, dass man das, was einen in der Meditationsstille berührt hat, als Stütze und Übungspunkt mit in den Tag nimmt. Doch häufig hört man die Fragen: Aber was bringt das? Was habe ich davon? Wo ist da mein persönlicher Gewinn? Meine jahrelange Erfahrung als Coach hat mich davon überzeugt, dass Menschen bereit sind, sich zu verändern, wenn sie spüren, dass es dadurch etwas zu gewinnen gibt. Nun, tägliche Meditation führt recht schnell zu Resultaten wie: Achtsamkeit, Konzentration, weniger auf Autopilot eingestellt sein. Mit anderen Worten: Wenn man geht, geht man auch wirklich. Schritt für Schritt die Treppe hoch, Kaffee holen, Schritt für Schritt die Treppe hinunter, zurück ins Büro. Bei der Arbeitsbesprechung mit den Kollegen hört man richtig zu, und zwar nicht nur ihren Worten, sondern auch den nichtverbalen Botschaften zwischen den Worten. Das eigene Ich wird sich durch Meditation etwas weniger in den Vordergrund drängen, was inneren Raum gibt, um mehr und besser wahrzunehmen. Man kommt sich selbst, dem, was man im Wesen ist, näher. Man entdeckt seine Kraft und sein kreatives Denken. Man wird zunehmend innerlich freier, wodurch man auch fester zu seinen Überzeugungen stehen kann. Das sind Punkt für Punkt Dinge, die das Leben spannender und wertvoller machen. Ruhe und innere Stille sind außerdem wesentliche Voraussetzungen für das innere Gleichgewicht angesichts aller Reize, die die Aufmerksamkeit ständig nach außen ziehen. *Du musst nichts machen; die Stille macht etwas mit dir,* wie man es so schön auf deutsch zu sagen pflegt.

Wenn ich dieses Thema kurz anreiße, dann möchte ich damit verdeutlichen, dass dieser Weg immer auf das Wesentliche in einem selbst gerichtet ist. Es ist ein Weg, der mitten durch Gesellschaft und Arbeit führt. Obgleich Sesshins von Zeit zu Zeit der persönlichen Entwicklung und Bewusstwerdung einen kräftigen Impuls geben können, liegt das Wichtige des Zen im Alltag. Es verwundert darum nicht, dass die meisten Kōans und Lehrreden alter Zen-Meister auf praktische Dinge verweisen. Zwar sind innere Disziplin und Durchsetzungskraft nötig, um dies in den Alltag zu übertragen, doch es liefert auch Resultate. Was wir in der modernen Gesellschaft brauchen, ist Zen-Praxis aufgrund eines persönlichen Bedürfnisses nach Stressmanagement und vollwertigem Funktionieren in Beruf und Privatleben. Nichts Spezielles muss getan werden, nichts Spezielles erreicht werden. Und doch ist es von grundlegender Wichtigkeit, das Zentrum der Stille in sich zu erfahren, denn Stille erzeugt Einsicht und Bewusstwerdung.

■

3

Wer bin ich eigentlich, und was will ich?

Jeder fragt sich irgendwann einmal „Warum lebe ich? Was ist der tiefere Sinn meines Daseins?" Häufig gibt es für solche Fragen einen Auslöser, wie eine ernsthafte Krankheit, eine Depression oder den Verlust eines geliebten Menschen. Doch auch spontan kann sich so eine Frage stellen, zum Beispiel morgens beim Aufwachen. Dies sind keine beliebigen Fragen; sie berühren die Essenz unseres Daseins und eröffnen die Möglichkeit, Kontakt zu tieferen Schichten in uns selbst herzustellen. Sie formen ein Lebensthema, zu dem selbst nach jahrelanger Reflexion keine abschließende Antwort gefunden wird. Doch schon durch das Stellen solcher Fragen wird etwas von innen heraus in Bewegung gesetzt; ein Suchen, ein Tasten, das unbekannte Gebiete erkundet.

Wenn man den ganzen Evolutionsprozess der vergangenen 13 Milliarden Jahre betrachtet, sieht man, dass der Mensch den größten Teil der Zeit abwesend war. Vergleicht man diese 13 Milliarden Jahre mit den etwa 70 Jahren eines Menschenlebens, kann man sich zu Recht fragen: Was ist der Sinn meines Lebens? Genau genommen sind wir nichts weiter als Eintagsfliegen. So viele Milliarden Jahre gab es die menschliche Spezies nicht, und niemand hat uns vermisst. Von allen Lebensformen, die je entstanden sind, ist der größte Teil bereits wieder ausgestorben, und es wird wohl auch die Zeit kommen, da wir als menschliche Art von diesem Erdball verschwunden sind. Und dann wird uns niemand vermissen. Was hat nun ein Leben von 70 Jahren auf einem unansehnlichen Planeten irgendwo in diesem enormen Weltall für eine Bedeutung für das große Ganze?

Für diese Art unermesslicher Fragen bietet Zen eine Methode, mit der sich brauchbare Antworten finden lassen. Doch ist dies kein zielgerichteter Plan, der garantiert, dass man nach einem Jahr weiß, wie sich alles verhält. Zen ist ein langer Weg, der das ganze Leben dauert und einen durch verschiedene Bewusstseinsschichten führt, um diese zu ergründen und sich zu Eigen zu machen. Um einen Eindruck von diesen Schichten zu geben, möchte ich sie nach den Auffassungen der eigenständigen Denker Ken Wilber, Carl Gustav Jung und des Zen-Meisters Jef Boeckmans beschreiben. Besonders Jung unterschied schon früh zwischen Persönlichkeitsschichten und sprach dabei von der *Persona,* dem persönlichen Unbewussten und dem kollektiven Unbewussten. Außerdem entdeckte er eine Anzahl psychischer Eigenschaften, in denen sich Menschen typischerweise unterscheiden. Indem man sich in diese Persönlichkeitsschichten und Eigenschaften vertieft, kann man eigene Grundmuster erkennen. Sobald man die verschiedenen Strukturen im Innern klar unterscheiden kann, beginnt man auch zu verstehen, warum jemand etwas auf eine bestimmte Art und nicht anders tut. Erkennt man diese Abläufe in sich selbst, wird man auch mehr Verständnis für das Verhalten anderer aufbringen. Und indem man die Position des Betrachters einnimmt, kann man besser Abstand halten und wird weniger zum Spielball einer Situation. Dann erhält man Entscheidungsgewalt über die eigene Reaktion und kann aus einer freieren Position heraus seine Wahl treffen.

Vom Einzelnen zum Ganzen – Bewusstsein bei Ken Wilber

Wegen seiner kreativen Auffassungen wird Ken Wilber inzwischen als einflussreicher Gegenwartsdenker angesehen. Er versucht ein allumfassendes Modell aufzustellen, in dem Psychologie und Spiritualität einen Platz finden. In der menschlichen Entwicklungsgeschichte unterscheidet er verschiedene Stadien, die er als Wellen, Ströme oder Zustände beschreibt. Im Verlauf der Evolution sieht er eine Entwicklungskurve von Bewusstseinsschichten, sowohl auf dem Makroniveau des großen Ganzen als auch auf dem Mikroniveau des Individuums.

In der Zen-Lehre werden die verschiedenen Bewusstseinsschichten „Tore der Wahrheit" genannt, und es heißt, dass es davon eine unendliche Anzahl gebe. Im Zen nutzt man eine nach bestimmten Grundzügen gegliederte Struktur, die wir später in diesem Kapitel bei den Ausführungen zu Boeckmans Modell besprechen werden. Man kann auch differenzieren zwischen einem psychologischem Anteil und dem Anteil, der weiter reicht und zum Kern des eigenen Wesens führt. Nach Wilber hat sich der Mensch – auf Makroniveau betrachtet – vom anfänglich archaischen Bewusstsein zum magischen Bewusstsein entwickelt, dann weiter zum mythischen Bewusstsein und schließlich zum rationalen Bewusstsein. Der nächste Schritt der Bewusstseinsentwicklung wird die Phase sein, die zum zentaurischen Bewusstsein führt. Der Zentaur, als bekannte mythische Figur halb Pferd, halb Mensch, ist eine Einheit aus zwei Wesen. Was Wilber mit zentaurischem Bewusstsein auszudrücken versucht, ist eine Seinsweise, ein Bewusstseinsniveau, auf dem sich der Mensch gleichzeitig als Individuum und als das Allumfassende erfährt: Man verkörpert gewissermaßen zwei gegensätzliche Perspektiven zugleich oder – in Zen-Worten ausgedrückt – die Non-Dualität. Das bedeutet, dass alles mit einander verbunden ist und nichts abgetrennt oder ausgeschlossen wird.

In einer frühen Vorzeit lebte der Mensch aus einem archaischen Bewusstsein heraus. Er nahm seine Welt hauptsächlich als undifferenziertes Etwas wahr und ließ sich durch Sinneseindrücke und Impulse leiten. Die nächste Entwicklungsphase führte dazu, dass der Mensch sein Leben aus einem magischen Bewusstsein zu erfahren begann. In dieser Phase trat bereits eine gewisse Differenzierung auf, wodurch frühere Sinneseindrücke und Impulse mit Bildern und Symbolen verbunden werden konnten. Während der dritten Entwicklungsphase entstand das mythische oder verbale Bewusstsein, in dem der Mensch über Sprache verfügte. Durch das Sprachvermögen konnten bestimmte Regeln und Rollenmuster entstehen.

Die weitere Entwicklung des Menschen führte zum rational-empirischen Bewusstsein mit dem Weltbild, auf dem unsere gegenwärtige Gesellschaft zum großen Teil beruht. Nicht nur unser Rechtssystem, sondern auch das Geschäftsleben basiert auf Fakten, Logik und Ratio. Und da fängt die Schwierigkeit an, denn das Leben lässt uns immer wieder erfahren, dass sich genauso viel auf transrationalen Gebieten abspielt. Jetzt steht der Mensch also wieder vor einem neuen Schritt der Entwicklung seines Bewusstseins. Wilber sagt, dass wir uns als Menschen auch Bewusstseinsdimensionen öffnen sollten, die das rein Rationale übersteigen. Das wird der nächste Schritt in der Entwicklung unserer Seinserfahrung werden: das Zentaur-Bewusstsein, in dem der einzelne sich auf Grundlage eines postkonventionellen Bewusstseins weiterentwickelt.

Aufgrund meiner eigenen Auffassungen würde ich diese neue Phase eher als das Bewusstsein der Leere beschreiben, in der der Mensch erfährt, dass es keinen Tod gibt. In der Vergangenheit, Gegenwart und Zukunft zusammenfließen und eins werden zur Ewigkeit im Jetzt. In dieser Daseinsweise trifft der Mensch auf seine dauerhafte Wirklichkeit, wird von ihr durchdrungen und verschmilzt damit in einer letztendlichen Selbstverwirklichung. So erkennt der Mensch schließlich sein wesentliches Sein.

Die hier beschriebene Entwicklung von Bewusstseinsniveaus, die die Menschheit in ihrer Evolution durchläuft, treffen wir auch in der Entwicklung eines Kindes an. Die ersten Wochen nach der Geburt erlebt das Kind die Welt größtenteils aus einem archaischen Bewusstsein. Danach beginnt es seine Welt zu differenzieren. Zuerst wird die Mutter wiedererkannt und bald darauf andere Personen und Gegenstände in seiner Umgebung. All diese Dinge werden zueinander in Beziehung gebracht aus einem magischen Bewusstsein heraus. In den Folgejahren entwickelt sich das Kind weiter, es kommt in den Kindergarten, dann in die Grundschule und bald ist es ein Jugendlicher in der schulischen Sekundarstufe. Parallel dazu läuft die Bewusstseinsentwicklung vom magischen über das mythische zum rationalen Bewusstsein. Danach wird die Welt immer mehr aus einer empirischen Perspektive wahrgenommen. Die letzte Herausforderung ist die Weiterentwicklung zum Bewusstseinsniveau des Zentaurs (des göttlichen Menschen), sowohl im rational-materiellen Feld wie auch im immateriell-formlosen energetischen Feld. In dieser Phase kann man die Form entdecken, die mit dem übereinstimmt, was man im tiefsten Inneren ist. Eine Form, die im übergreifenden und holistischen Bewusstsein authentisch ist, in einer Einheit mit anderen, oder sogar in der Einheit mit allen lebenden Wesen. Hier liegt die Verbindung mit der Bewusstseinsdimension, auf die Zen verweist. Im folgenden Kapitel werde ich darauf weiter eingehen, wenn ich beschreibe, wie und wo sich bei Psychologie und Zen die Wege trennen.

Die unlogischen Seiten des Lebens treiben uns zum transrationalen Bewusstsein. Geschehnisse, in die wir unwillentlich hineingeraten, laden uns eigentlich ein, essenzielle Fragen zu stellen. Unser eigenes Leben formt sich Tag für Tag auf eine häufig unlogische Weise, die das Rationale übersteigt. Ein Beispiel zur Konkretisierung: Angenommen, Sie haben die kommenden Tage sehr sorgfältig geplant, um die Termine für einen bestimmten Geschäftsabschluss in der richtigen Reihenfolge abzuarbeiten. Vormittags war der erste Termin und Sie sind auf dem Weg zum folgenden, aber dann stolpern sie plötzlich und brechen sich einen Knöchel. Ab dem Moment sieht ihr Tagesprogramm plötzlich ganz anders aus. Mehr noch, Ihr ganzes Wochen- und Monatsprogramm ist umgeworfen. Nichts stimmt mehr in der sorgfältig geplanten Logik. Aber nicht nur im eigenen Leben, sondern auch auf Weltniveau passieren Dinge, mit denen kein rationaler Mensch gerechnet hat. Die Anschläge von New York und Madrid, der berüchtigte Tsunami; aber es kann auch ein einfacher Schneesturm sein, der den ganzen Auto- und Flugverkehr lahmlegt. Solche Ereignisse sind rational nicht vorhersehbar. Je mehr man jedoch im eigenen Bewusstsein Anschluss an transrationale Aspekte findet, desto besser kann man sich auf derartig unerwartete Situationen einstellen.

In der Wissenschaft wurde in diesem Zusammenhang der Begriff *Holon* eingeführt. Ein Holon ist ein Ganzes in sich und gleichzeitig ein Teil eines anderen Ganzen. Ein einzelnes Molekül ist beispielsweise so eine Einheit. Das einzelne Molekül hat an sich wenig Bedeutung, es erhält erst Bedeutung im Gesamtzusammenhang der Zelle. Die Zelle selbst ist auch wieder ein Holon, denn eine Zelle bedeutet erst etwas im größeren Ganzen eines Organs. Dasselbe gilt auch für den Menschen. Ein Mensch ist eine Einheit in sich. Aber als Individuum, als Einzelner, kann er nicht viel bedeuten. Seine wesentliche Bedeutung erhält er erst in einem größeren Ganzen, wenn er sich für andere öffnet, für andere Lebewesen, für die Natur und für die Essenz der letzten Wirklichkeit, die der Buddhismus „Buddha-Natur" nennt. Eine derartige Öffnung hin zu einer umfassenderen Ebene, schreibt Wilber in einem seiner Bücher, entstand in der Vergangenheit immer aus dem Zwang zum Überleben. Es handelte sich also immer um eine Krise. Auch jetzt gilt, dass jemand, der sich allmählich anderen Bewusstseinsschichten öffnet, häufig mit einer persönlichen Krise konfrontiert ist. Manchmal ist es wie eine virtuelle Mauer, gegen die man im Leben stößt, etwa durch bestimmte Ereignisse, durch Dinge, die ungerechtfertigt, schmerzhaft oder unerklärlich sind. Alle Scheinsicherheiten und Selbstverständlichkeiten verschwinden dann schlagartig. Die Umstände zwingen einen im Lauf des Lebens manchmal zur Kehrtwende. Scheinbar muss man erst auf Grund laufen, bevor man zu den wichtigen Lebensfragen durchdringt. Lebensfragen, die einen anspornen weiter zu suchen, statt bei den Impulsen der Außenwelt stehen zu bleiben. Man gelangt so auf einen Weg, der nach innen führt. Ein schmaler, aber wesentlicher Weg. Wer bereit ist, dem Weg nach innen zu folgen, wird erfahren, dass er sich auch etwas Größerem öffnen kann. Schließlich wird das Größere den Unterschied zwischen innen und außen verblassen lassen, wodurch Ganzheit und grenzenloser innerer Reichtum entstehen können. Es ist eine Spurensuche, eine Entdeckungsreise, die durch alle Gebiete des persönlichen Bewusstseins verläuft.

Die individuelle Persönlichkeit – Bewusstsein in der Jung'schen Psychologie

Während es Wilber vorzieht, Entwicklungen auf Makroniveau zu beschreiben, liefert Jung seinen Beitrag für die Psychologie aus einem ganz anderen Blickwinkel. Der Schweizer Psychiater Carl Gustav Jung lebte von 1875 bis 1961 und wird als einer der Begründer der modernen Psychologie angesehen. Aufgrund seiner Einsichten und Erfahrungen folgerte Jung, dass das Bewusstsein aus mehreren Schichten besteht. Er unterschied dabei: die *Persona* als die Maske, hinter der wir das Gesicht verbergen, welches der Welt nie gezeigt wird; das *persönliche Unbewusste*, das sich unter anderem in männlicher oder weiblicher Form ausdrückt; und das *kollektive Unbewusste*, das sich in archetypischen Bildern und auch Träumen ausdrücken kann.

Neben dieser Unterscheidung der Bewusstseinsschichten richtete Jung viel Aufmerksamkeit auf individuelle Eigenschaften und die Unterscheidung von Persönlichkeitstypen. Eine seiner Schlussfolgerungen war, dass jedes Kind zwischen dem fünften und elften Lebensjahr unbewusst eine Anzahl spezifischer Vorlieben entwickelt. Zuerst geht es dabei um das Handhaben von Gegenständen, wobei die Wahl des Kindes meistens in Richtung Leichtigkeit oder gar Mühelosigkeit geht, wie beim Gebrauch der rechten oder linken Hand beim Schreiben. Meiner Meinung nach spielen manchmal aber noch weitere Faktoren mit. Es kann nämlich auch sein, dass bestimmte Vorlieben von der Umgebung, meistens den Eltern, besonders wertgeschätzt werden. In Anbetracht der Tatsache, dass das Kind immer Liebe und Anerkennung sucht, kann es zu einer unbewussten Verhaltenswahl gebracht werden, die in der elterlichen Umgebung geschätzt wird. Das kann beispielsweise dazu führen, dass ein von Natur aus gefühlsbetontes und empathisches Kind seiner Umgebung zuliebe vor allem seine intellektuelle Fähigkeit entwickelt und die Gefühlsseite vernachlässigt.

Jung entdeckte, dass jeder Mensch vor seiner Pubertät bereits eine Reihe unbewusster Entscheidungen fällt und eine ganze Anzahl von Vorlieben entwickelt. Er geht davon aus, dass die Vorlieben, die man als Kind ausprägt, dauerhaft sind. Trotzdem wird man im Lauf seines Lebens auch andere Eigenschaften oder Neigungen entwickeln müssen, weil die Situation das manchmal einfach verlangt, und so vergrößert man seine Handlungs- und Kommunikationsmöglichkeiten.

In einer derartigen Phase lernt man, auch eigenen Vorlieben entgegengesetzte, unentwickelte Eigenschaften zu nutzen, um die persönlichen Vorlieben zu unterstützen, die einst ausgewählt und entwickelt wurden. So kann ein eher introvertierter Mensch im Lauf der Jahre seine extrovertierte Seite entwickeln und zum Beispiel lernen, in einem Team zu funktionieren, in dem auch seine introvertierten Eigenschaften wie Suchen nach Tiefgang und verzögertes Reagieren honoriert werden und Raum erhalten.

Um noch einmal zum Beispiel der Rechts- oder Linkshändigkeit zurückzukommen, ist es sehr gut möglich, seine linke Hand so zu üben, dass sie die rechte Hand bei allerlei Aufgaben unterstützen kann. Wenn man das in persönliche Vorlieben übersetzt, kann man eigentlich nicht von Umstellung zum Gegenteil sprechen, sondern eher von Ergänzung und Wachstum. Jemand, der gewöhnlich nur auf Details achtet, braucht sich nicht plötzlich zwanghaft nur auf große Zusammenhänge zu konzentrieren, doch er kann lernen, beides, Details und große Zusammenhänge, zu sehen.

Jungs Ideen wurden in den 1950er Jahren von Isabel Brigg Myers und Katharine Myers weiterentwickelt. So entstand ein psychologisches Modell mit mehreren Persönlichkeitstypen, das eine wertvolle Ergänzung der Entdeckungen von Jung bildet. Die Essenz des Modells, bereits von Jung formuliert, ist, dass Menschen bei psychischen Aktivitäten immer mit einem der folgenden mentalen Aspekte beschäftigt sind: dem Aufnehmen von Information, dem Verarbeiten/Organisieren von Information, dem Schlussfolgern aus Informationen. Weiterhin stellte Jung fest, dass manche Menschen (die Extrovertierten) ihre Energie vor allem im Kontakt mit anderen und in gemeinsamen Aktivitäten finden, während andere (die Introvertierten) mehr auf ihre innere Welt gerichtet sind und Energie beim Alleinsein finden. Ein weiteres Unterscheidungsmerkmal ist, dass manche Menschen durch nachdenkende Vorgehensweise zu Entscheidungen finden, während andere eher auf Basis von Gefühlen dazu finden. Auch in der Informationsverarbeitung gibt es laut Jung typische Unterschiede. Manche Menschen verarbeiten Informationen aus einer auf Details gerichteten pragmatischen Perspektive heraus, während andere es aus assoziativer und planender Sicht tun.

Diese Unterschiede verarbeiteten Brigg Myers und Myers zu einem zusammenhängenden Modell, das sich im Geschäftsleben als brauchbar und praktisch erwiesen hat. Vor allem im Bereich Persönlichkeitsentwicklung, Team-Entwicklung und Management-Entwicklung zeigt es seinen Nutzen. Meiner Meinung nach liegt das Besondere dieses Modells in der von Brigg Myers und Myers hinzugefügten Entwicklungskurve, die jedem Persönlichkeitsprofil eine Entwicklungstendenz von diesem zu einem anderen Profil zuordnet. Trotzdem merkt man bald, dass diese differenzierte Betrachtung immer noch nicht weit genug geht. Nehmen wir als Beispiel die Vorliebe zum extrovertierten oder introvertierten Verhalten. Nach dem Modell bleibt die Vorliebe entweder introvertiert oder extrovertiert. Doch in der Realität sieht man natürlich, dass es immer graduelle Unterschiede von introvertierten und extrovertierten Merkmalen gibt, von denen mal das eine oder das andere in den Vordergrund tritt und dominiert.

Im Allgemeinen gilt, dass Jungs Psychologie eine recht gute Einsicht gewährt in die Art, in der jemand in spezifischer Hinsicht funktioniert. Beispielsweise die Art, wie jemand Energie sammelt oder äußere Information in seinem Inneren verarbeitet, wie er mit anderen kommuniziert oder wie er sein Privat- und Arbeitsleben gestaltet. Haben wir erst einmal Klarheit über die psychologischen Muster, dann verfügen wir über ein wertvolles Hilfsmittel. Psychologie ist wichtig für alle, die innerlich wachsen wollen und deshalb herausfinden wollen, welche Persönlichkeitseigenschaften stark oder schwach entwickelt sind. Ein weiterer Aspekt ist, dass die psychologischen Muster eine Stufe zum Überpersönlichen bilden. Durch Einsicht in die Grundmuster der eigenen Innenwelt und des eigenen Funktionierens erschafft man einen gewissen Referenzpunkt in sich selbst. Von dort aus kann man auf gute Art mit sich selbst und anderen umgehen, seinen Platz in der Außenwelt bestimmen und diesen auch wirklich einnehmen.

Vom Ich zum Buddha-Geist – Die zen-buddhistische Bewusstseinssicht von Jef Boeckmans

Der Theologe und Philosoph Jef Boeckmans praktiziert seit über 40 Jahren Zen. Er gehört der Sanbo Kyodan Society an, einer Strömung, die aus der Soto-Schule entstand, aber auch Kennzeichen der Rinzai-Tradition beinhaltet. Dank der Sanbo Kyodan Society ist die Zen-Ausübung für Laien frei zugänglich geworden. Über die Bewusstseinsschichten, auf die in der Zen-Unterweisung hingewiesen wird, hat Boeckmans eine klare Auffassung. Seiner Meinung nach kann man in der persönlichen Entwicklung die verschiedenen Schichten deutlich unterscheiden. Um das Bewusstsein zu erweitern, ist ein erster Schritt, dass man es nicht mehr nur mit dem rationalen Denken identifiziert, sondern auch mit sinnlichen Wahrnehmungen. Wenn man dabei den ganzen Körper mit einbezieht, wird er gewissermaßen von Bewusstsein erfüllt. Bei der Übung des Hatha-Yoga trainiert man anfangs, um einen elastischen Körper zu bekommen. Doch bald wird gelehrt, wie man den Körper mit Bewusstsein durchziehen kann, wodurch die Wahrnehmung durch die Sinnesorgane nicht nur intensiver, sondern auch umfassender wird. Das ist ein guter Ansatzpunkt für die Loslösung von der Identifikation mit dem irreführenden Denken der rationalen Bewusstseinsschicht. Auf diese Weise wird das Bewusstsein in eine breitere Perspektive gebracht.

Diese erste Phase wird auch durch Einsichten aus der kontemplativen Psychologie des Mahāyāna-Buddhismus unterstützt. Dort wird gelehrt, dass die erste Schicht des Bewusstseins, also das erste Niveau, tatsächlich acht Anknüpfungspunkte oder Bewusstseinsformen umfasst. Wenn wir im Westen über Bewusstsein reden, meinen wir gewöhnlich nur den mentalen Aspekt. Aber der Buddhismus weist darauf hin, dass jedes Sinnesorgan sein eigenes Bewusstsein hat. So gibt es ein Bewusstsein des Hörens, ein Bewusstsein des Sehens, des Riechens, des Schmeckens und der Berührung. Diese fünf Bewusstseinsformen sind einander ganz gleichwertig. Und im Sinn dieser Herangehensweise können wir das rationale Denken als unser sechstes Sinnesorgan ansehen.

Zusammen gelten diese im Buddhismus als die sechs Formen des sinnlichen Bewusstseins. Jede für sich wird als möglicher Zugangsweg zum Dharma angesehen, mit anderen Worten: zur letzten Wahrheit. Die Erfahrung der Einheit kann durch das Denken zustande kommen, aber auch indem das denkende Bewusstsein frei gemacht wird von Gedanken, zu einem „leeren Spiegel" wird. Das heißt, dass man, wenn man in den eigenen Gedankenspiegel schaut, dort keinen Gedanken mehr findet. Das einzige, was man erfährt, ist Leere. Es ist allerdings eine Leere, die nicht wirklich leer ist, sondern gefüllt mit etwas anderem, etwas Unsagbarem, in Worten nicht Fassbarem. Diese Erfahrung kann auch dadurch herbeigeführt werden, dass man etwas in einer bestimmten Art betrachtet. Durch die richtige Art des Schauens kann sich plötzlich die Tür zur Einheitserfahrung öffnen. Das geschieht auch durch die richtige Art des Hörens oder Lauschens. Ein Kōan, das Zen-Meister Hakuin oft seinen Schülern auftrug, um sie zum rechten Lauschen zu bringen, war die Frage „Wo gehen Geräusche hin, nachdem sie verklungen sind?". Das wichtigste Hilfsmittel, um dies zu erfassen, ist einzig das Hören, nichts anderes. Doch es geht nicht nur um das Hören mit den Ohren, man muss auch

Hören mit den Augen, mit der Nase, mit den Knien, den Fersen und den Zehen. Alles ist dann ganz und gar Lauschen.

Ein Kōan, durch das Boeckmans in seiner Zen-Ausbildung zutiefst getroffen wurde, war jenes, in dem Zen-Meister Joshu gefragt wird: „Was tut der Mensch nach dem großen ‚mystischen' Tod?" Die herrliche Antwort von Joshu lautet: „Als ich ein junger Mönch war, webte ich ein Gewand aus Hanf. Es war bleischwer, saß sehr unbequem und war auch noch schlecht gewebt." Jahrelang musste Joshu mit dieser ungemütlichen Bekleidung vorlieb nehmen. Seine Antwort drückt treffend aus, worum es im Zen geht. Man trägt ein schweres Gewand und fühlt täglich dessen Unbequemlichkeit. Diese Hülle aus steifem und unbequemem Stoff erfährt man in Form von Ängsten und Frustrationen, Willensregungen, Emotionen, usw. Was dieses Kōan aufzeigen will, ist, dass die Möglichkeit besteht, aus der Allumfassendheit des Bewusstseins wahrzunehmen und zu erfahren – vor allem auch im Bereich der Berührung, wie es Joshu mittels des unbequemen Stoffs zum Ausdruck bringt. Dies gilt als wichtige innere Erfahrung, als *Samādhi*. Eine solche Einsicht bedeutet auch eine Kurskorrektur unserer westlichen Sicht auf das Bewusstsein, in der immer das intellektuelle Denken als zentral angesehen wird. Das gilt auch für die Auffassungen über das persönliche Unbewusste, das kollektive Unbewusste, das Astrale und alle anderen Niveaus, die die meisten Abendländer akzeptieren. Diese Niveaus sind zwar im transpersönlichen Bereich wichtig, aber sie berühren nicht die Essenz. Bei der Zen-Ausübung hingegen wendet man sich an die unmittelbare Erfahrung der Realität. Und in der Realität erfahren wir die Dinge hauptsächlich mit unseren Sinnesorganen.

Was Boeckmans besonders wichtig findet, ist, dass man den Verstand auch als Sinnesorgan auffasst, da das rationale Denken eng verbunden ist mit der Kommunikation der Menschen untereinander, also mit der Welt von Zeit und Raum.

Abb. 4: Das Geräusch einer einzigen klatschenden Hand – Tuschezeichnung von Hakuin

Dieses Denken ist kein Instrument, um die Essenz der Welt der *Shūnyatā* zu untersuchen, der Welt der Leere und des reinen Gewahrseins. Doch in der Welt von Zeit und Raum kann die rechte Denkweise sehr wohl eine Vorankündigung sein für die Tatsache, dass uns auch unser rationales Denken zur Welt des reinen Gewahrseins führen kann. Alle diese sechs Bewusstseinsformen gehören immer noch zum ersten Bewusstseinsniveau.

Dieses erste Niveau kennt noch eine siebte Bewusstseinsform: im Zen spricht man vom konstanten Ich-Gedanken. Als Mensch hat man bestimmte Dinge mitgemacht. Man hat Erinnerungen an Geschehnisse von früher, z.B. als man vier Jahre alt war, als man siebzehn war, als man fünfundzwanzig war. Und man weiß, dass man die Geschehnisse persönlich erfahren hat, dass man selbst dabei war. Es gibt eine Art Kontinuitätslinie, die die Vergangenheit mit der Gegenwart verbindet. Immer geht es um ein und dieselbe Person, die alle Erfahrungen, von der Gegenwart bis in die ferne Vergangenheit, wie ein Bündel mit sich trägt. Auf diesem ersten Bewusstseinsniveau gibt es das konstante Ich-Bewusstsein, das sich in ständiger Bereitschaft zu sofortiger Aktivität befindet. In einem ungewöhnlich schnellen Prozess werden all unsere Erfahrungen als „Ich"-Erfahrungen gesammelt. Das hat nicht nur faszinierende, sondern auch merkwürdige Seiten, weil sich bei manchen Erfahrungen die Zuordnung zum Ich löst. Dann gibt es kein ich mehr, das etwas erfährt. Als Beispiel nehmen wir das Kōan „Was ist das Geräusch einer einzigen klatschenden Hand?" Das ist ausschließlich Lauschen oder Schauen. Mit Kōans werden die Zen-Praktizierenden trainiert, „ausschließlich zu lauschen": der Regen schlägt auf das Dach des Zendos und man lauscht, weiter nichts. Das Lauschen wird so selbstlos, bis kein Lauschender und kein Regen mehr da sind, sondern nur noch das Geräusch.

Die achte Bewusstseinsform des ersten Niveaus nennt man *Alaya-Vijñāna* [Aussprache Álaja-wig-njána], Speicherbewusstsein. In dieser Bewusstseinsschicht sind alle Erfahrungen der Menschheit gespeichert. Es ist mit Jungs kollektivem Unterbewusstsein vergleichbar und dort liegen alle Erfahrungen von Vergangenheit, Gegenwart und Zukunft aufbewahrt, wie z.B. unser Karma, das sich in früheren Leben geformt hat. Bemerkenswert ist, dass man im Zen-Buddhismus diese Erfahrungen zum ersten Niveau des Bewusstseins rechnet. Dabei ist es nicht wichtig, ob dieses Speicherbewusstsein erfahren wird oder nicht; es ist einfach vorhanden. Bestimmte Umstände können dazu führen, dass man zu diesem Speicherbewusstsein Zugang erhält. Dann betritt man plötzlich das Feld der paranormalen Begabungen, astralen Wahrnehmungen, Hellsichtigkeiten oder Erinnerungen aus anderen Leben. In Träumen kann dies spontan auftreten, auch an historischen Orten, wo sich einschneidende Ereignisse abgespielt haben. In Dachau beispielsweise kann man unter Umständen direkt in Berührung kommen mit dem Erleben der Menschen, die dort gefoltert und getötet wurden, unabhängig vom intellektuellen Wissen, dass so etwas dort geschah. Auch in alten Burgen kann man manchmal plötzlich überwältigt werden durch die Sphäre früherer Bewohner, oder man kann Gedankenfetzen auffangen, die nicht die eigenen sind. Ein lästiger Nebenumstand ist, dass sich Menschen aufgrund solcher Erfahrungen einbilden, schon recht weit in ihrer spirituellen Entwicklung zu sein. Das ist eine der großen Fehleinschätzungen, die von der New-Age-Bewegung populär gemacht wurden. Derartige außergewöhnliche Erfahrungen haben an sich nichts mit spiritueller Entwicklung zu tun. Sie können zwar auf eine Bewusstseinserweiterung hinweisen, die bewirkt, dass man leichter Zugang zum kollektiven Bewusstsein findet, doch das ist eine Phase, die man unbedingt hinter sich lassen muss. Man kann diesen Prozess als Wachstumszuckungen betrachten. Im Zen werden sie *Makio* genannt,

Irrwege, auf denen man nicht stehen bleiben darf. Insgesamt können wir feststellen, dass der Zen-Buddhismus auf dem ersten Niveau acht Bewusstseinsformen unterscheidet. Eigentlich geht es dabei immer um Aktivitäten des Bewusstseins in der Art von: ich sehe, ich höre, ich denke, es passiert etwas oder ich erinnere mich an etwas.

Das zweite Bewusstseinsniveau ist von ganz anderer Art. Für die eigene Entwicklung ist es wichtig, dass man das erste Niveau des Alaya-vijñāna überwindet und zum folgenden Niveau gelangt. Dieses zweite Niveau ist leer, doch man könnte auch sagen, dass es essenziell gefüllt ist mit allen möglichen Formen von Trauer, Freude, Angst und hoffnungsvoller Erwartung. Für die eigene Entwicklung ist es wichtig, dieses Bewusstsein leer zu machen, so leer wie einen klaren, nicht beschlagenen Spiegel. Das ist ein Prozess, an dem man sein Leben lang arbeiten kann. Bei der aktiven Ausübung des Zen geht es vor allem um das reine und vollkommene Nichtstun *(Buji)*. Das ist auch das Prinzip das *Wu-Wei*, des Nicht-Handelns. Statt in irgendeiner Aktivität liegt der Nachdruck dabei in der Essenz des Bewusstseins, der Buddha-Natur. Wenn der Spiegel vollkommen leer und klar und alles still ist, dann kann man sagen, dass das Bewusstsein ohne Objekt oder Inhalt ist. Ein Punkt, auf den das Zen-Training großen Wert legt, ist die ständige Rückbesinnung auf die Allumfassendheit des totalen Bewusstseins, zu dem auch das Sehen, das Hören und das Denken gehören und wozu letztendlich alles gehört. Doch wird in der Zen-Ausübung nichts verworfen und von nichts abgeraten in Bezug auf Denken, Sehen oder Hören; jeder kann tun und lassen, was er will. Letztlich sind das alles Aktivitäten, mit denen man sich nicht identifizieren sollte. Von wirklicher Bedeutung ist es hingegen, im totalen Gewahrsein zu verbleiben. Diese allumfassende Form des Gewahrseins ist ein eigenartiger Zustand von reiner Anwesenheit, wobei man sich nicht identifiziert mit den Inhalten oder Aktivitäten des Bewusstseins, sondern mit dem letztendlichen Ruhezustand, in dem der Raum liegt, der alles ermöglicht. Um diesen Raum geht es.

Dieses zweite Bewusstseinsniveau nennt Boeckmans das allumfassende Gewahrsein. Das Erreichen dieses Niveaus wird durch die Übung *Shikantaza*, einfach nur Sitzen, trainiert. Man sitzt dabei in Stille und betrachtet als unparteiischer Beobachter die Gedanken, die in einem aufkommen. Man nimmt sie wahr, ohne Urteil, ohne Meinung und ohne sich darin zu verlieren. Mit dieser Einstellung kann man seine Gedanken sehen wie Wolken, die am Himmel vorbeiziehen, ohne dass man sie festhalten möchte. Zeigen sich Gefühle von Trauer und Wut, dann ist das in Ordnung, auch sie dürfen da sein. Man konstatiert einfach, dass sie da sind, jedoch ohne sich weiter damit zu befassen. Alles was sich zeigt, nimmt man wahr, ohne daran festzuhalten, wie ein Zuschauer, der sein Zimmer betrachtet, die Wände, den Fußboden, die Möbel, ohne die Aufmerksamkeit wirklich auszurichten. Der Schritt zum totalen Gewahrsein, ohne Festzuhalten, ohne Urteil, kann im täglichen Leben unglaublich wichtig sein. Doch gilt auch für dieses allumfassende Bewusstsein, dass es nicht die letzte Phase ist. Es ist zwar göttlich und grenzenlos in seiner Art, aber es ist immer noch nur Bewusstsein. Das Kōan, das darauf hinweist, nennt man „Geist ist Buddha". Dieses Kōan besagt, dass der Geist eine Manifestation der Buddhaschaft des allumfassenden Gewahrseins ist.

Das Kōan, das aussagt, dass „weder Geist noch Buddha" bestehen, bezieht sich auf das nächste, das dritte Niveau des Bewusstseins. Erst in dieser Phase kann man die Dinge, so wie sie sind, erfahren. Aber dazu kann man keine weitere Erklärung geben, denn in diesem Bereich ist jegliche Benennung unzureichend. Man kann dann beispielsweise nur noch lachen. Es gibt keine Worte, um den Bereich zu verdeutlichen, denn der große Geist ist die erste Manifestation der *shūnyatā*, der Leere. Die Shūnyatā ist kein Bewusstsein, aber sie manifestiert sich als Bewusstsein. Das ist ein Punkt, an dem viele Menschen nicht mehr folgen können. Meistens verstehen sie nicht, wie man das auffassen soll, denn das Bewusstsein ist noch stets präsent. Eigentlich ist man gleichzeitig der handelnd Involvierte und der unbeteiligte, unberührte Zuschauer, der wahrnimmt.

Auf diesem Niveau muss das Ego losgelassen werden, damit es stirbt, wie man im Zen unumwunden sagt. Das Selbst ist dann nichts anderes mehr als eine leere Hülle, etwas das sich bewegt und tut. Diese Daseinsweise hat einen ganz eigenen Charakter: Angenommen, man wird von seinen Freunden in einem Moment bewundert und im folgenden Moment verschmäht – dann ist das eine nicht besser oder schlechter als das andere. Diesen Zustand verdeutlicht das Kōan, in dem beschrieben wird, wie Zen-Meister Joshu zwei Einsiedler in Hinblick auf ihren Erleuchtungszustand prüft. Beide strecken eine Faust in die Luft, um zu zeigen, dass diese Faust das ganze Universum umfasst. Damit wollen die Einsiedler dem Meister zeigen, dass sie die Erleuchtung erfahren haben. Doch Joshu weist die Faust des einen zurück, weil sie die Erleuchtungserfahrung anscheinend nicht ausdrückt, während er die Faust des anderen Einsiedlers akzeptiert. Warum drückt die eine Faust die erlösende Einsicht aus und die andere nicht? Geht es aber wirklich darum, dass hier die eine Handlung richtig und die andere falsch ist? Nein, worum es hier geht, ist, dass solche Erwägungen auf dem Shūnyatā-Niveau völlig irrelevant sind.

Alles ist gut, so wie es ist, ob es nun Zustimmung oder Ablehnung hervorruft. Wenn man durch dieses Kōan erfahren kann, dass es egal ist, ob etwas als gut oder schlecht befunden wird, und wenn man selbst völlig zu dem stehen kann, was man ist und tut, dann wird man das Leben wie ein Spiel erfahren. Damit kommt man in einen Bewusstseinszustand, in dem man aus einer unermesslichen Freiheit lebt, geistig wie in Bezug auf Handlung. Wir sprechen vom „Samādhi des Spiels" als der höchsten Form des Bewusstseins, denn hier wird völlige Freiheit erfahren. Das Ziel ist, wie ein Kind zu werden. Es klingt so einfach, ist jedoch eine der größeren Herausforderungen, mit der wir konfrontiert werden. Eine gewisse Wellenbewegung liegt darin: jeder von uns beginnt sein Leben als Kind, um nach dem Entdecken der Außenwelt erwachsen zu werden und nach dem Entdecken und Erfahren der Bewusstseinsniveaus wieder zum Kindsein zu gelangen – zur Art und Weise, in der nur ein Kind spielen kann, zur Freiheit, die das Kind erfährt, ohne Stress oder Gedanken an die Zukunft. Das Kind sieht nur sein Spiel, das völlig im Jetzt abläuft.

Warum ist es eigentlich so wichtig, Einsicht in Bewusstseinsschichten zu erwerben, die in der eigenen Tiefe verborgen liegen? Wenn es gelingt, diese tieferen persönlichen Werte bewusst zu erfahren und in jede Zelle des eigenen Wesens zu integrieren, wird man sein Leben und seine Arbeit aus einer neuen Perspektive angehen. Dann kommen Leidenschaft und Freude spontan auf und das spielerische Element wird von selbst zurückkommen. Man wird dann Freiheit im tiefsten Sinn des Wortes erfahren, eine Form von Freiheit, die auch dem Hochbetrieb, dem Lärm und der Reizüberflutung des Alltags standhält.

Frequenzfelder

Die Bewusstseinsniveaus, die Boeckmans unterschiedet, möchte ich am liebsten als Frequenzfelder beschreiben. Jeder Mensch ist im Wesentlichen eine Einheit von Frequenzen, die bis ins Unendliche ausgebreitet und verfeinert werden können. Ein einfaches Beispiel: Angenommen, Sie suchen ein neues Auto und wissen bereits, welche Marke und welches Modell es sein soll. Und plötzlich bemerken Sie dieses Modell ständig auf den Straßen. Sie erkennen es genau so treffsicher, wie ein Biologe eine bestimmte Baumart schon von weitem benennen kann. Etwas, wonach wir verlangen und worauf wir gerichtet sind, fängt leicht unsere Aufmerksamkeit, sorgt aber gleichzeitig für eine Verengung unseres Wahrnehmungsfeldes. Die Zen-Übungspraxis hilft, das Gebiet der Wahrnehmung zu erweitern, in der Art und Weise, die Boeckmans für die Sinnesorgane vorschlägt.

In dem Buch *What the Bleep Do We Know* von William Arntz et al. wird die Arbeit von Andrew Newberg besprochen, einem amerikanischen Wissenschaftler, der mystische Erfahrungen aus neurowissenschaftlicher Sicht erforscht. Er kam dabei zum Ergebnis, dass Menschen, die aus einer intensiven mystischen Erfahrung in die Alltagswelt zurückkehren, die mystische Wirklichkeit danach als wirklicher erfahren, weil sich ihnen darin ein wahrhaftigeres und grundlegenderes Bild der Realität gezeigt hat. Wir wissen auch, dass uns die Sinnesorgane bei der Wahrnehmung der Wirklichkeit oft beschwindeln. Wenn man vom Strand zum Horizont schaut, sieht es beispielsweise so aus, als würde die Erde am Horizont aufhören. Jeder kennt auch das Bild der Wasserpfütze, die in der Ferne auf dem heißen Asphalt zu liegen scheint. Die Wirklichkeit stimmt nicht überein mit den Bildern, die uns unsere Sinnesorgane liefern. Die materielle Welt, in der wir leben, ist für Menschen mit mystischen Erfahrungen eine zweitrangige Wirklichkeit geworden. Newberg weist darauf hin, wie wichtig es ist, die Beziehung zwischen Bewusstsein und materieller Wirklichkeit zu untersuchen. Er stellt die Frage, ob die materielle Welt eventuell zurückzuführen ist auf eine bewusste Wirklichkeit, oder ob vielleicht Bewusstsein selbst das Grundmaterial des Universums sein könnte.

Im selben Buch erklärt der Quantenphysiker John Hagelin, dass wir wortwörtlich in verschiedenen Welten leben. Es geht um eine oberflächliche und eine tiefere Wahrheit. Wenn wir das Weltall um uns herum anschauen, sehen wir eine makroskopische Welt. Doch neben dieser unserer Erfahrungswelt gibt es auch die Welt unserer Atome und die unserer Zellen. Das sind ganz andere Welten mit einer eigenen Sprache und einer eigenen Wirklichkeit. Es ist wichtig zu erkennen, dass sich diese Welten gegenseitig ergänzen, denn ich bin meine Atome, und ich bin auch meine Zellen. Es sind verschiedene Niveaus der Wirklichkeit. Auch hier sehen wir die Holon-Charakteristik auftauchen, wo ein kleiner Organismus über sich selbst hinauswächst, indem er in einem größeren Ganzen aufgeht, wie es Ken Wilber darlegt. Meiner Meinung nach kann man die verschiedenen Welten als jeweils spezifische Frequenzniveaus ansehen, und jede Frequenz wird auf ihre Art eine eigene Wirklichkeit aufrufen. Die Zen-Übungspraxis bewirkt das Offenlegen der Frequenzfelder. Auf lange Sicht führt dies zu einer wesentlichen Verbreitung und Verfeinerung des eigenen Frequenzspektrums, wodurch man schließlich die Einheit hinter der Vielheit erfahren und aus diesem Bewusstsein heraus leben kann.

Was willst du von deinem Leben?

Hinter der Frage „Wer bist du eigentlich?" steht unvermeidlich die andere große Frage: „Was willst du von diesem Leben?" Die Antwort darauf wird sich im Lauf der Jahre wohl ändern, entsprechend dem Zusammenhang von Lebensalter, Reife und Interesse der betreffenden Person. Wird einem 18-Jährigen eine solche Frage vorgelegt, erwartet man eine Antwort in Bezug auf die Wahl seiner Berufsausbildung, die er wahrscheinlich in Richtung des eigenen Interesses trifft. Bei einem 30-Jährigen erwartet man, dass sich eine Antwort eher bezieht auf Karrierepläne, auf das beginnende Familienleben, den Kauf eines eigenen Hauses und die Absicherung des Einkommens. Doch wie wird man diese Frage beantworten, wenn alle Wünsche auf materiellem Gebiet erfüllt sind? Für viele Menschen gilt das Erreichen des Höhepunkts ihrer Karriere oder ihrer künstlerischen Entfaltung gleichzeitig als Höhepunkt ihres Lebens. Doch das besagt nicht, dass damit auch die eigentlichen Erwartungen an das Leben erfüllt sind. Bei vielen Menschen bricht im Alter zwischen 40 und 50 Jahren eine Phase an, in der die wesentlichen Fragen nach oben kommen, falls sie nicht durch das hektische Dasein völlig verdrängt werden. Manchmal wird man in diesem Lebensabschnitt vom Gefühl beschlichen, dass es nur noch bergab gehen kann. Die körperlichen Kräfte nehmen ab, die eigene Energie ist anderes verteilt als früher und schließlich muss eine Lesebrille angeschafft werden. Kleinere körperliche Gebrechen kommen auf, das Haar wird dünner und grauer, und die Zähne und die Haut sehen nicht mehr so blendend aus. Irgendwann kommt der Moment, an dem jeder von uns bemerken sollte, dass es im Leben um mehr geht, als man bis jetzt dachte.

In der traditionellen indischen und chinesischen Kultur unterscheidet man drei deutlich verschiedene Lebensphasen. Die Periode von der Geburt bis zum 25. Lebensjahr wird dabei als erste Phase angesehen, als Zeit der körperlichen Entwicklung und Berufswahl. Wenn der Körper nach ungefähr 25 Jahren ausgewachsen ist, beginnt die zweite Lebensphase, die auf andere Bereiche ausgerichtet ist: Heiraten, Kinder aufziehen, Karriere machen sowie soziale Fertigkeiten und menschliche Einsicht entwickeln.

Um das 50. Lebensjahr tritt der Mensch in die dritte Lebensphase. Dann sollte er so weit in seinem Reifeprozess sein, dass er bereit ist, sich einem Durchbruch ins Transzendente zu öffnen. Denn das, was das eigene Selbst übersteigt, ist das Gebiet, in dem sich die Persönlichkeit erst richtig entfalten kann. Die beiden vorangehenden Lebensphasen sind eigentlich nur eine Vorbereitung auf diesen wesentlichen Aspekt des Daseins. Nun geht es darum, die Singgebung des eigenen Lebens zu entdecken und umzusetzen.

Die dritte Phase ist vor allem auf die Bewusstwerdung zugrunde liegender psychologischer Muster und dazu gehörender wiederkehrender Themen gerichtet. Die Bewusstseinsprozesse, die dazu in Gang gesetzt werden müssen, können auf unterschiedliche Weise aktiviert werden. Entscheidend ist, dass man sich Zeit zur Reflexion nimmt, vorzugsweise unterstützt durch Retreats oder Begleitung durch einen guten Coach. Täglich eine kleine Stilleperiode einzubauen, verschafft viel Klarheit. Es geht darum, zehn bis zwanzig Minuten still zu sitzen, nichts zu tun, als Übung aktiver Wahrnehmung in Gedanken die Entwicklung des Tages zu betrachten, die Dinge aus größerer Perspektive zu sehen und Zeit an das scheinbare Nichtstun zu verschwenden. Das Erstaunliche ist, dass das aktive Wahrnehmen während dieses Nicht-Handelns auf lange Sicht zum richtigen Handeln im richtigen Moment führt. Die Übung besteht ganz einfach aus Stillsitzen und den Kopf von Gedanken Leeren. Das gelingt, indem man wie ein Zuschauer beobachtet, welche Gedanken aufkommen und ohne irgendeine Meinung oder Bemühung feststellt, dass sie da sind, und dass man sie dann los lässt. Das Bewusstwerden von zugrunde liegenden Mustern ist ein eher langsamer Prozess. Im Lauf der Jahre werden die Muster meist in eher gemächlichem Tempo sichtbar, manchmal geht es auch streckenweise schneller. Etwa wie ein Fluss, der gemächlich dahin fließt und ab und zu in Stromschnellen gerät. Es ist wichtig, dem strömenden Prozess zu folgen und zunehmend klarer zu erkennen, wo der Strom aufwallt und sich weiterbewegt, auch wenn man noch nicht versteht, wofür das alles gut ist. Auf lange Sicht bemerkt man schließlich, dass sich bestimmte Muster und Strukturen unterscheiden lassen, und dass man sich langsam aber sicher von ihnen lösen kann.

Aber auch nach der ersten eindrucksvollen Erleuchtungserfahrung wird unser Geist weiterhin aus seiner Eigenart heraus reagieren. Deshalb ist es wichtig, nach diesem Moment wie bisher mit dem Sitzen weiter zu machen, egal auf welchem Niveau die Erfahrung war. Indem man weiterhin übt, in Stille zu sitzen, soll man auch eine derartige Erleuchtungserfahrung loslassen und vergessen, denn erst dadurch werden nach einer gewissen Zeit mehr und mehr Aspekte des auf Denkbildern beruhenden Egos verschwinden. Lange Zeit wird das Ich trotzdem immer wieder auftauchen, vor allem in unerwarteten Momenten, selbst wenn man die Erleuchtung schon zuverlässig erfahren hat. Sogar fortgeschrittene Übende müssen in dieser Hinsicht sehr wachsam bleiben. Es handelt sich um einen äußerst subtilen Prozess, wobei es einem nur langsam gelingt, sein Frequenzniveau etwas auszudehnen, stets etwas weiter und etwas tiefer.

Mit der Beschreibung der Auffassungen von Wilber, Jung und Boeckmans wollte ich einen umfassenden Blick auf verschiedene Bewusstseinsschichten geben. Wilber nähert sich dem Thema aus Sicht eines evolutionären Entwicklungsprozesses, der sich in der persönlichen Entwicklung wiederholt. Jung entwickelt seine psychologische Auffassung vor allem aus der Beobachtung der Entstehung individueller Eigenschaften und Vorlieben hin zu Persönlichkeitsprofilen. Die Behandlung der Ideen von Jef Boeckmans macht deutlich, dass der Zen-Buddhismus eine klare Struktur von Bewusstseinsniveaus aufzeigt, die nacheinander in der individuellen Entwicklung folgen und sich auch teilweise überlappen können. Auch aus der Wissenschaft hört man immer öfter, dass von verschiedenen Wirklichkeitsniveaus gesprochen werden sollte, die einander ergänzen und unterstützen, indem sie sich zu einem größeren Ganzen zusammenfügen. Indem verschiedene Perspektiven nebeneinander gestellt werden, lernt man, diese vom eigenen Blickpunkt aus zu verstehen. Auf diese Weise kann Einsicht in die Bewusstseinsschichten zu tiefgreifender Einsicht in sich selbst führen, um letztendlich zum Kern des eigenen Wesens durch zu dringen.

■

4

Wo die Psychologie endet und Zen weiter geht

Bei der Betrachtung der verschiedenen Bewusstseinsniveaus aus psychologischer und philosophischer Sicht ist es wichtig, den Unterschied in der Herangehensweise von Psychologie und Zen-Philosophie deutlich zu machen. Im Wörterbuch wird „Psyche" als Lebensatem, Geist oder Seele übersetzt. Psychologie wird folglich als das Gebiet der Wissenschaft angesehen, welches das Wesen und die Eigenschaften der menschlichen Seele betrifft. In einer weiteren Bedeutung spricht man von der Wissenschaft, die Bewusstsein und Bewusstseinsphänomene untersucht. Auch wenn die Wurzeln der Persönlichkeitspsychologie im menschlichen Geist oder seiner Seele verborgen liegen, geht es meiner Meinung nach in der wissenschaftlichen Psychologie vor allem um die Untersuchung solcher Bewusstseinsphänomene, bei denen Persönlichkeitsentwicklung und Ich-Bestärkung im Mittelpunkt stehen. Wer bin ich und was ist mein Platz in dieser Welt? Es ist eine Wissenschaft, die das Bewusstsein untersucht, das sich in menschlichem Verhalten und zwischenmenschlichen Beziehungen zeigt. Dabei wird natürlich auch untersucht, wie bestimmte Prozesse unsichtbar verlaufen und schließlich sichtbar zum Ausdruck kommen. Das Erlangen solcher Einsichten ist nicht nur für Menschen, die sich persönlich weiterentwickeln wollen, wichtig, sondern auch für diejenigen, die zeitweilig den Weg verloren haben. Damit meine ich Menschen, die umher irren in einem Teufelskreis von Emotionen wie Schmerz, Kummer und Machtlosigkeit, mit einem von quälenden Gefühlen verformten Bild ihrer selbst und anderer. Einsicht in die eigenen psychischen Grundstrukturen gibt den nötigen Halt, um aufgrund dieser Einsicht besser mit sich und anderen umzugehen.

Die Grenze zwischen Psychologie und Zen scheint manchmal schwierig zu ziehen, und das zeigt so ziemlich jeder Kongress über integrale und transpersonale Psychologie. Meiner Ansicht nach besteht jedoch ein klarer Unterschied zwischen dem Bereich der Psychologie und dem des Zen, auch wenn die spirituelle Komponente immer weiter in die Psychologie vordringt. Diese Komponente zeigt sich vielleicht am deutlichsten in der integralen Psychologie Ken Wilbers. Wilber versucht, nicht-sichtbare Bereiche von Seele, Geist und Bewusstsein soweit möglich mit einem wissenschaftlichen Unterbau zu versehen. Und das ist sicher eine wertvolle Ergänzung für diejenigen, die sich auf spirituell-psychologischem Gebiet etwas mehr Übersicht wünschen. Stellen wir die Ansichten von Boeckmans daneben, können wir aber einige grundlegende Unterschiede feststellen.

Ein meiner Meinung nach wichtiger Punkt ist, dass Psychologie letztendlich für Selbstentfaltung steht, während sich Zen vor allem auf das Loslassen des Selbst, das „Sterben" des Selbst richtet. Das scheinen zwei entgegengesetzte Bewegungen zu sein. Es zeigt sich jedoch im Lauf der Zeit, dass sie doch zusammengeführt werden können, wenn man nur die dazugehörenden Dilemmas zu ergründen weiß. Im Prinzip beinhaltet jedes Kōan eine solche Gegenüberstellung, bei der gerade in der Berührung der Gegensätze eine tiefe Wahrheit zu finden ist. In dieser Hinsicht können Psychologie und Zen einander prima ergänzen. Doch es existiert noch ein wichtiger Unterschied zwischen beiden. Psychologie kann bis zu einem bestimmten Punkt kommen, aber dann kann sie nicht weiter. Zen ist ein Weg, der nach diesem Punkt weiter geht und über die intellektuelle Einsicht hinaus führt, jenseits des Denkens und Wissens. Bei der inneren Entwicklung ist es äußerst nützlich, zuerst das Selbst zur Blüte zu bringen. Man darf das Ego gewiss nicht loslassen, bevor es nicht voll entwickelt ist. Doch ab einem bestimmten Moment ist es ratsam, über diese Selbstentwicklung hinauszugehen, denn nur dann kommt man dahin, wo die wirkliche Quelle ist. Indem man das Ego fallen lässt, den Drang nach Kontrolle und Beherrschung aufgibt, kann man das Leben intensiver, vielseitiger und erfüllender leben. Dies ist die Aussicht auf ein Leben, das hinter der Grenze des freiwillig fallengelassenen Egos liegt.

Die Synthese von Psychologie und Spiritualität bei Ken Wilber

Wie Wilber es in seinem Buch ausdrückt, lehrten bereits die alten Weisen ihre Zuhörer, dass Wirklichkeit nicht einfach beschreibbar ist, da sie aus mehreren Schichten besteht. Diese Schichten scheinen physische, emotionale, mentale und spirituelle Komponenten zu beinhalten. Die verschiedenen Dimensionen der Realität sind für die meisten jedoch gar nicht sichtbar oder wahrnehmbar. Das macht es für viele Menschen recht schwierig, sie zu erkennen und in ihrem Wert einzuschätzen. Wer zum Beispiel einen Blick auf die Seele, also die spirituelle Komponente, werfen will, muss sich nach innen richten um sie zu erfahren. Ein solcher Weg der Bewusstseinsentwicklung ist deshalb stark nach innen gerichtet. Wer es darauf anlegt, kann die Fähigkeit entwickeln, die Seele, das Selbst und die höheren Niveaus der Wirklichkeit zu erfahren und wahrzunehmen. Diese integrale Spiritualität will den ganzen Menschen mit einbeziehen, alle Aspekte seines ganzen

Bewusstseinsspektrums aus Materie, Körper, Intellekt, Seele und Geist. Entscheidend ist, sagt Wilber, dass wir unserem tiefsten Antrieb folgen und zu einem Fahrzeug des Geistes werden, eines Geistes, der strahlend in der Welt anwesend ist und sich als die ganze Welt ausdrückt. Wir sind Kinder des Göttlichen und dieses manifestiert sich nach Wilber in jeder Geste des Kosmos. Er weist darauf hin, dass wir nicht ruhen dürfen, bevor wir nicht unser eigenes ursprüngliches Antlitz erfahren haben. Diese Ansichten zeigen, dass Wilber die integrale Psychologie eigentlich als Zusammenfluss von Psychologie und Spiritualität sieht, als Skala graduell abgestufter Bewusstseinsniveaus, die bis zu Bereichen gehen, die jenseits der Person liegen und spiritueller Art sind. Er versucht zu einer Synthese zu kommen, die allen Aspekten des menschlichen Bewusstseins Raum bietet, zusammen mit allen Denkmodellen, die man dazu hegt. Wo immer möglich, unterbaut er das Nicht-Sichtbare mit Fakten und Schlussfolgerungen, die der Wissenschaft entlehnt sind.

Der Weg vom Ich zum Loslassen des Ichs bei Jef Boeckmans

Alles was sich in der westlichen Psychologie entwickelt hat, konstatiert Boeckmans, steht im Dienst der Selbstwerdung. Will man sich selbst kennen lernen, bedeutet das im Westen, seine eigenen Qualitäten und Fertigkeiten kennen zu lernen und sich darin zu verbessern. Die persönliche Entwicklung spielt sich vor allem auf intellektuellem, emotionalem, kreativem und sozialem Gebiet ab. Persönliches Wachstum kann man vergleichen mit einer Apfelblüte, die sich öffnen muss, um befruchtet zu werden. Dieses Bild gibt die Essenz der Psychologie wieder. Man wird für andere „fruchtbar": Man entwickelt seine Fertigkeiten, um mit anderen zu kommunizieren. Man lernt, wie man sich in bestimmten Beziehungen besser gegenüber anderen verhält. Man lernt, mit der eigenen Wut und Aggressivität umzugehen und wie man das Unbewusste handhaben kann. Dabei wird man auch Einblicke in die eigenen Schattenseiten erhalten. Das sind alles wichtige Dinge im Leben, gegen die nichts einzuwenden ist. Aber es ist doch eine Grenze zu sehen zwischen dem Gebiet, auf dem die Psychologie funktionieren kann, und einem Gebiet, wo sie es nicht kann. Kurz, die Psychologie bietet einen Weg zur Selbstwerdung und ist vor allem darauf gerichtet, dass man seinen Platz in dieser Welt findet.

Wenn wir jetzt zur Essenz des Zen kommen, dann scheint es vor allem um das Aufgeben des Selbst zu gehen, ausgedrückt als Prozess des Loslassens und Sterbens. Das ist bestimmt nicht dieselbe Bewegung wie die Entfaltung, die zu einem stärkeren und geschickteren Selbst führt. Man könnte fast sagen, dass es eine entgegengesetzte Bewegung ist, ein Weg, der gerade zur Vereinfachung, Beruhigung und im letztendlichen Sinn zur Stille des Todes führt. Also ist es nicht ein Weg, der nach oben führt. Zen bietet einen methodischen Zugang, der alle Fähigkeiten bei dem belässt, was sie sind. Sie bleiben einfach bestehen, doch man identifiziert sich nicht mehr mit ihnen. Die Identifikation verschiebt sich zu dem Moment, in dem man selbst nicht mehr ist. Es ist, als wäre das Ich einen Moment verschwunden. Es gibt keine Kontrolle mehr aus Sicht des Ichs, etwas anderes übernimmt diese. Doch was passiert eigentlich, wenn man das Bewusstsein nicht mehr im Griff hat? Was passiert, wenn das Licht erlischt und man alle seine Fähigkeiten verliert? Wenn man alle Eigenschaften, die man entwickelt hat, loslassen muss, und eine tiefe Einsamkeit eintritt – wie erfährt man die Stille dann? Man verliert sich selbst und muss plötzlich auch den allerletzten Halt aufgeben. Das ist eine der schwierigsten Facetten des Zen, das Loslassen des Ichs. Denn es war immer der Kontrolleur. Immer taucht das kleine Selbst wieder auf, das keineswegs aufgeben will, das sich immer an etwas festhalten will. Und das ist genau der Moment, auf den das folgende Kōan sich richtet: „Du hast bereits alles ausprobiert und nichts hat funktioniert. Was machst du jetzt?"

Was tut man in dem Moment, in dem man wirklich stirbt? Wie drückt man die Buddha-Natur aus, wenn man das Selbst nicht mehr ausdrücken kann? Was ist dann das eigene Zuhause? Nicht nur, dass die Funktionen des normalen Bewusstseins aufhören, man verliert jeden Zugriff auf sich selbst. Die Psychologie lehrt uns ständig: *be on top*, oder besser, sorge dafür, dass du dominierst, halte alles unter Kontrolle. Und im Zen lernt man gerade das Zulassen, sozusagen das Fallenlassen, sich selbst ganz dem zu überlassen, was nicht zu benennen ist, dem Unkontrollierbaren, Allumfassenden. Das ist es, was uns die großen spirituellen Traditionen sagen und was die Mystiker vermitteln wollen, wenn es um die tiefste Erfahrung der Seele geht. Und doch bleibt man bei diesem sich gänzlich Verlieren sicher, denn man kann nie hinaus fallen.

Selbstentfaltung und das Sterben des Selbst

Wie gesagt gibt die Psychologie die Richtung zur Selbstentfaltung an, während Zen der Weg zum Sterben des Selbst ist. Im Sterben sehen wir allerdings eine klare Bruchlinie in der Persönlichkeitsentwicklung. Der Zen-Ausdruck vom „Sterben des Egos" klingt ziemlich schwer und deprimierend, doch in der Praxis ist es durchaus nicht unangenehm, wenn man es erst einmal wagt, sich hinzugeben. Das schwierigste ist der erste Schritt des Loslassens des Egos. Man fühlt sich, als balanciere man auf einer Kante und hat Angst, sich fallen zu lassen, aber manchmal ist man auch neugierig. Und wenn man das Wagnis dann doch eingeht, merkt man erstaunt, dass man vor allem Raum und Licht antrifft. Dann merkt man erst, wie schwer es war, das Ego all die Jahre aufrecht zu erhalten. Und wie angenehm es ist, seinen eigenen zwanghaften Drang nach Kontrolle und Leitung über Bord zu werfen. Dieser Prozess wird als Sterben erfahren, aber das Resultat ist ein Gefühl der Befreiung. Das Ego kann dann mehr in den Hintergrund geschoben werden und muss nicht mehr ständig umhegt werden. Aber bevor man zu dieser essenziellen Zen-Übung des freiwilligen Loslassens des umhegten Egos kommt, muss man seine Persönlichkeit so weit wie möglich entwickelt haben. Soll dieser Sterbeprozess gut verlaufen, muss man über Fähigkeiten, Willenskraft und ein Ego verfügen, die stark genug sind, um den Sprung zu wagen. Auch Wilber weist in seinem Buch darauf hin, dass Selbstentfaltung wichtig ist, aber dass der Weg damit nicht endet. Denn letztendlich wird ein Anhalten auf dieser Ebene unzureichend sein, um den großen inneren Schrei zu beantworten, das Verlangen der Seele nach einem nicht isolierten Dasein, nach Verbundenheit und Geborgenheit. Um dieses Verlangen zu erfüllen, muss man nach Hause kommen und sterben.

Während es in der Psychologie häufig um Wissen geht, richtet sich Zen auf das Nicht-Wissen. Ebenso wie es gut ist, stets wieder an seiner körperlichen Kondition zu arbeiten, so ist es auch gut, seine psychologischen und intellektuellen Fähigkeiten durch Training aufrecht zu erhalten. Aber man muss sich auch klar machen, dass man diese Fähigkeiten endlos weiter entwickeln kann, es ist wie eine durchgehende Linie, die nie endet. Wenn die unteren Niveaus zur Reife gelangt sind, ist es relativ einfach, spirituelle Dimensionen zu betreten, in denen man freiwillig das zurück lässt, was einst nützlich war, inzwischen aber überflüssig ist. Doch solange man auf dem Ego-Niveau noch nicht erwachsen ist, wird es schwierig, gerade dieses Ego fallen zu lassen. Es ist gut, am Ego-Niveau zu arbeiten, aber letztendlich muss man dieses Niveau überwinden und das Ego fallen lassen, um eine neue Form des Seins zu erreichen.

Geistige Genügsamkeit

Wir folgen im Zen dem Weg des Nicht-Wissens. Eigentlich kann man hier eine schöne Beziehung zum Christentum sehen, denn auch Jesus verkündigte seinerzeit „Selig sind die Armen im Geist". Und das gilt prinzipiell auch für Zen-Praktizierende. Doch reagieren Menschen darauf meistens abweisend. Sie sagen, dass sie nicht selig werden wollen und schon gar nicht arm im Geist. Sie wollen sich entwickeln, sie wollen gerade mehr wissen! Und das weist Boeckmans nun ab, indem er erzählt, wie wichtig es ist, dem Weg der Genügsamkeit zu folgen. Denn es geht dabei keineswegs um geistige Armut im negativen Sinn. Der Weg zur wahren Armut beinhaltet, dass man dem eigenen Drang, bestimmen zu wollen, Genügsamkeit auferlegt, dass man es wagt, sich selbst ab einem bestimmten Moment gehen zu lassen, wagt, sich im weiteren Vorgehen selbst zu verlieren. Man akzeptiert, dass man nicht mehr das Ruder in der Hand hat. Das Schiff fährt weiter, aber etwas anderes bestimmt den Kurs. Es bedeutet nicht, dass es kein Boot mehr gibt, das fährt. Vergleichen Sie es mit einem Geigenspieler, der sich sozusagen in der Musik verliert. Die Töne, die gespielt werden, und derjenige, der diese spielt, bestehen nicht unabhängig von einander. Es wird gespielt. Geige und Geiger sind zusammengeflossen und eins geworden. Es gibt kein Ego, kein Denken, es gibt nur noch die Musik, die erklingt und gehört wird.

Es geht hier um die allumfassende Eigenschaft des Gewahrseins. Dabei verdient der Aspekt des Einfach-Werdens Nachdruck, denn sonst besteht die große Gefahr, in einer Art spirituellem Materialismus hängen zu bleiben, worin das Ego doch wieder reicher und weiser wird, während es gerade darum geht, damit zu brechen. Man spricht zwar von einer Kontinuität zwischen dem Psychischen und dem Spirituellen, aber gleichzeitig gibt es auch eine bestimmte Diskontinuität zwischen der Psyche und Zen. Es geht dabei um die Erfahrung des Sterbens. Ein bekannter Zen-Spruch lautet: „Stirb während du lebst." Aber die Erfahrung des Sterbens ist nicht etwas, das man einfach hervorrufen kann. Man kann es nicht wollen. Es muss geschehen, sich an einem vollziehen. Wie bei einer Geburt, wenn die Wehen den Geburtsprozess ankündigen und ihn mit ihrem eigenen Rhythmus und ihrer eigenen Dynamik in Gang bringen. Darin spielt der persönliche Wille nicht die geringste Rolle. Er kann nicht eingreifen, auch wenn er es sich noch so sehr wünscht. Dasselbe gilt auch für den Sterbeprozess, wenn die Kälte einem in die Füße strömt und über Knie, Oberschenkel, Becken nach oben zieht, um dann auf einmal das Bewusstsein zu erreichen und das Licht zu löschen.

Doch was passiert eigentlich in dem Moment? Die einzige Antwort ist: Es entsteht Raum. Aber das kann ich nicht selbst zu Wege bringen. Denn wenn ich versuche, es herbeizuführen, passiert es einfach nicht. Auch Zen-Mönche fragen sich immer wieder, ob solche Prozesse nun aus dem kleinen Selbst kommen oder aus dem Nichts. Ist es Gnade? Oder doch eigene Anstrengung? Im Wesentlichen ist es etwas, was einen einfach überkommt, plötzlich und unerwartet. Das einzige, was man tun kann, ist, alles los zu lassen und zu versuchen, sich dem, was passieren wird, völlig zu öffnen. Das einzig passende Wort dafür ist „empfänglich sein". Bei einem *Kensho*, einer Erleuchtungserfahrung, sieht man oft, dass jemand bewusst versucht, den letzten Schritt zu bestimmen. Doch dann bleibt die Tür zu, denn den letzten Schritt kann man nicht selbst setzen. Es passiert im Moment, in dem man nicht damit beschäftigt ist und es gerade nicht erwartet. Es ist ein Moment, in dem man dieses eine Sterben erfährt. Weder das Ego noch der persönliche Willen können dazwischen kommen. Ich persönlich empfinde das als eine der überraschendsten Seiten des Bewusstseins. Worauf es bei der Zen-Praxis wirklich ankommt, ist, das entsprechende Vertrauen in den eigenen Geist zu wecken.

Die Knospe wird sich zur vollen Blüte öffnen und zu einer Frucht reifen, von der andere genießen können. Im Zen geht es darum, Bedingungen zu schaffen, unter denen die Frucht reifen und fallen kann. Körper und Geist sind abgefallen, und was bleibt, lässt sich nicht in Denkbildern oder Beschreibungen fangen. Je deutlicher jemand diesen Zustand zu beschreiben weiß, desto mehr Fragezeichen kann man dahinter setzen. Was hat diese Person letztendlich überhaupt erfahren?

Wenn man die Struktur des großen Ganzen betrachtet, kann man feststellen, dass es gut ist, Körper und Psyche ebenso zu trainieren wie die intellektuellen Fähigkeiten. Aber irgendwann kommt der Moment, da es an der Zeit ist, den Weg des Stillwerdens zu wählen. Das steht auch in Übereinstimmung mit unserem Schicksal als sterbliche Wesen. Der Tod ist eine realistische Gegebenheit und jeder von uns wird eines sicheren Moments vor seinem eigenen Tod stehen. Dieser Sterbemoment wird im Zen in die Gegenwart gebracht und sozusagen täglich repetiert, weil man erkennen soll, dass man jeden Moment ein bisschen stirbt. Ist man sich dessen einmal bewusst, dann verliert das Sterben seinen Angst einjagenden Charakter und wird ganz einfach etwas, das zu einem gehört. Bei dieser Gelegenheit will ich von einer Person berichten, die ich bemerkenswert fand. Es geht um eine Frau, die unheilbar krank ist und frohgemut ihrem eigenen Tod entgegensieht. Sie meditiert seit Jahren in der Gruppe von Jef Boeckmans. Vor einiger Zeit wurde bei ihr eine bösartige Form von Krebs entdeckt. Ihr Internist riet, sofort eine Chemotherapie zu beginnen, doch sie weigerte sich, sich behandeln zu lassen. Ihr Arzt reagierte ungläubig und betonte nachdrücklich, dass es sich um eine lebensbedrohliche Erkrankung handele. Sie antwortete ruhig: „Das weiß ich, aber ich bin glücklich. Dies ist vielleicht die beste Zeit meines Lebens: ich sitze ein bisschen, ich lese etwas und ich gehe ab und zu ein wenig spazieren. Ich weiß, dass ich in Kürze sterben werde und habe damit Frieden geschlossen."

Diese Geschichte hat mich sehr beeindruckt. Nur ein gereifter Geist kann sich dieser Herausforderung so leichtfüßig nähern.

Sterben ist eine natürliche Sache für uns alle. In der Zen-Unterweisung kennt man das Üben des ständigen Sterbens. Der Grundgedanke ist dabei, dass man jeden Augenblick geboren wird und jeden Augenblick stirbt. Der große Meister Soko Morinaga (1925-1995) riet einem seiner älteren Schüler, die folgende Übung zu praktizieren: Wenn du kochst, sorge dann dafür, dass du im Kochen geboren wirst und dass du stirbst, sobald du mit dem Kochen fertig bist. Und das gilt auch für die Mahlzeit selbst: Sorge dafür, dass du im Essen geboren wirst und zum Ende der Mahlzeit stirbst. Sorge, dass du jeden Tag beim Aufstehen neu geboren wirst und dass du abends beim Zubettgehen stirbst. In jeder Handlung unseres Lebens kommen Geburt und Tod zum Ausdruck. Wenn wir diesen Gedanken bewusst akzeptieren, wird das Sterben für uns sein abschreckendes Antlitz verlieren.

Sterben mit neuer Perspektive

Einer der bekanntesten japanischen Zen-Meister ist Hakuin Ekaku (1686–1769). Aufgrund seiner außergewöhnlich mutigen und unbeirrbaren Haltung wurde er von allen sehr respektvoll behandelt. Die Zen-Tradition war zu jener Zeit ernstlich in Verfall geraten und Hakuin tat sein Bestes, um ihre tiefen Werte wieder zum Leben zu erwecken. Das zeigte sich in seinem gesamten Tun und Lassen in ziemlich radikaler und kompromissloser Art. Seine Lektionen waren primär dazu bestimmt, das auf tiefe Erfahrungen ausgerichtete Zen-Leben in seinen Schülern zum Erwachen zu bringen. Er forderte seine Schüler auf, den Sterbeprozess immer wieder auf ihren Meditationskissen zu durchleben und in diesem Prozess zu erfahren, dass es keinen Tod gibt. Im folgenden Gedicht bittet Hakuin seine Schüler nachdrücklich, das auch wirklich in die Praxis umzusetzen.

Ihr, die ihr noch jung seid,
wenn ihr sterben wollt,
sterbt dann jetzt; denn einmal gestorben,
werdet ihr nicht nochmal sterben!

Wer mit meinem Blick
den Tod durchschauen kann,
wird zeitlos,
todlos, unsterblich.

Hakuin meint damit, dass tatsächlich kein Selbst mehr da ist, wenn man den Sterbeprozess des kleinen Ichs in allen Facetten durchlaufen und gelernt hat, sich dem unbegrenzten Bereich von Leere und Nicht-Kontrolle anzuvertrauen. Dann kann man erfahren, dass es keinen Tod gibt, sondern nur eine Unendlichkeit, in der Vergangenheit, Gegenwart und Zukunft in einem Punkt zusammenfließen, in dem alles mit dem Unsagbaren zusammenfällt und in dem kein Platz für den Tod ist. Aber um dieses Eine erfahren zu können, muss man während des Lebens den Sterbeprozess des kleinen Ichs durchgemacht haben. Der Sterbeprozess des Ichs hat verschiedene Aspekte und mehrere Phasen. Manche Teile davon wird jeder von uns im Alltag wohl schon einmal mitgemacht haben, zum Beispiel wenn in der nächsten Umgebung jemand stirbt, der einem sehr lieb ist. Auch wenn eine Freundschaft oder Beziehung zerbricht, gibt es immer Gefühle von Kummer, Verlust und Trauer. In diesem Verlieren, Trauern und Loslassen steckt ein spezifisches Erleben, das mehr oder weniger mit dem Absterben bestimmter Selbstaspekte einhergeht. Auch wenn man einen Ort verlässt, an dem man lange Zeit sehr schön gewohnt hat, kann man überflutet werden von derartigen Gefühlen.

Zen stellt den Sterbeprozess in den Mittelpunkt, aber über eine Route, die nicht auf der Hand liegt. Der Prozess vollzieht sich nämlich durch Einkehr und Sitzen in der Stille und durch bewusstes Leben in der Art, die im Zen gemeint ist. Mit Aufmerksamkeit bei allem, was man tut. Indem man im gegenwärtigen Moment lebt und seinen Kopf frei von Gedanken hält. Wenn man sich systematisch in Aufmerksamkeit und Stille trainiert, während und außerhalb der Meditationssitzungen, wird man bemerken, dass Momente auftauchen, in denen das Ich nicht mehr so stark in den Vordergrund tritt, nicht mehr fortwährend am Steuer stehen will. Es sieht langsam so aus, als wäre etwas mehr Abstand zwischen dem Ich mit all seinen Willensäußerungen, Zwanghaftigkeiten und seinem Ehrgeiz, und dem, was Geist genannt wird, dem eigenen wahren Wesen. Es entsteht ein bisschen Raum, und so kann es passieren, dass man sich mit jemandem unterhält und sich gleichzeitig dabei beobachtet, dass man also gleichzeitig Redender und Wahrnehmender ist. In der Zen-Praxis ist es von entscheidender Wichtigkeit, dass das Ich weniger im Weg steht. Der Wahrnehmende, wie man das Größere nennen könnte, nimmt nicht nur wahr, sondern gibt oft auch sehr subtil eine Bewegungsrichtung an. Doch man kann diese subtile Andeutung nur bemerken, wenn das Ego nicht mehr die ganze Bühne in Beschlag nimmt, um die Hauptrolle zu spielen. Das Größere überblickt mehr und zeigt andere Aspekte auf, wodurch andere Entscheidungen gefällt werden können, als wenn das denkende Ich die Leitung innehat. Dann ist das Denken nicht mehr führend, sondern eher folgend in den Entwicklungen, die sich im eigenen Leben und bei der Arbeit vollziehen.

Alles in allem sehen wir, dass die Psychologie unterstützend und ermutigend ist, wenn man sich selbst als Individuum kennen lernen und ein besseres Selbstbild bekommen möchte mit dem Ziel, seinen Platz im sozialen Leben zu finden und einzunehmen. Verglichen damit ist die Zen-Praxis in starkem Maße auf das Sterben des kleinen Selbst ausgerichtet, was sich auch in den rätselhaften Dilemmas der Kōans ausdrückt. Beide Entwicklungsprozesse sind wichtig, aber zum richtigen Moment muss man eine Wahl treffen. An der Weggabelung, an der Psychologie und Zen verschiedene Richtungen einschlagen, ist es essenziell, den Weg des Loslassens und der Hingabe zu wählen. Doch dieser Weg kann wiederum nur dann erfolgreich verlaufen, wenn die Person psychologisch ausreichend gereift ist. Solange in bewussten oder unbewussten Bereichen Frustrationen zurückgeblieben sind, Gefühle von Verkennung, Mangel an Selbstwertgefühl oder andere unverarbeitete Fragen, wird ein Entwerten des Ichs verwirrend und bedrohlich sein. Das kann nur zu unglaubwürdigem Verhalten führen, und die Außenwelt spürt haargenau, wenn die Dinge, die man sagt oder tut, keine Basis haben und somit unecht sind.

Zusammenfassend kann gesagt werden, dass Psychologie und Zen beide eine spezifische Funktion im Reifungsprozess haben. Psychologie richtet sich auf das Bestärken der Persönlichkeit, was mit Fragen einhergeht wie „Wer bin ich?" und „Was sind meine Fähigkeiten?". In einer späteren Phase dieses Prozesses werden sich die Fragen mehr auf das Thema richten „Wer bin ich im tiefsten Wesen?" und „Was ist die eigentliche Essenz meines Lebens?". So kommt man zum Ergründen der tiefsten persönlichen Wirklichkeit. Und das ist genau der Punkt, an dem die Psychologie endet und Zen weitergeht, indem es die Aufmerksamkeit ausdrücklich auf das Wesentliche in einem selbst und das Loslassen des Egos richtet. Durch dieses Training wird es möglich zu erfahren, dass sich unsere Freiheit grenzenlos erstreckt, wissend, dass es keinen Tod gibt, sondern ein unendliches Zusammenfließen von Vergangenheit, Gegenwart und Zukunft. Denn wenn wir das Selbst übersteigen können zum Überpersönlichen, berühren wir ein größeres Ganzes, das außerhalb von Zeit und Raum steht. Dies lässt sich als die Musik erfahren, in der Geige und Geiger ineinander zusammenfließen und eins werden im Erklingen. Dann gibt es nur noch Klang, und damit ist alles erfüllt.

■

5

Wie erlange ich innere Kraft?

Unter den verschiedenen Schichten des Bewusstseins liegt ein Quell innerer Kraft verborgen, der aber nur zugänglich ist, wenn man den richtigen Weg dorthin kennt. In diesem Kapitel wird näher beschrieben, wie man diese innere Kraft erreichen und einsetzen kann. Man muss vor allem verstehen, welche Faktoren einen hindern, von diesen Ressourcen tatkräftigen Gebrauch zu machen. Verschiedene Aspekte stehen in Zusammenhang mit der inneren Kraft und können den Weg dorthin blockieren. Das können beispielsweise psychische Muster sein, die sich in der frühen Kindheit unter dem Einfluss der unmittelbaren Umgebung gebildet haben. Andere wichtige Aspekte für die Verfügbarkeit innerer Kraft sind Gefühle, Emotionen und Atmung. Vor allem der Atem hat in Kombination mit dem Prāna oder Ch'i als Energiequelle viel Einfluss auf die persönliche Kraft. Ein weiteres Hilfsmittel ist das Verstärken der weiblichen Eigenschaften, die nicht nur in Frauen, sondern auch im Mann verborgen sind. Dazu kommt, den Eros handhaben zu lernen. Obwohl es kaum bekannt ist, ist er ein wichtiger Faktor, um zur eigenen wirklichen Kraft durchzudringen.

Persönliche Normen und Werte

Als Kind wachsen wir in einer Umgebung auf, in der immer spezielle Normen und Werte gelten. Ein Kind ist diesen gegenüber naturgemäß empfänglich, da es seine Eltern braucht und von ihnen abhängig ist. Es ist sehr wichtig, dass ein Kind Liebe, Aufmerksamkeit und Wärme bekommt. Um das zu erreichen, ist ein Kind ständig bereit sich den Werten und Normen anzupassen, die ihm seine Umgebung auferlegt. Es handelt sich eigentlich um einen Überlebensmechanismus, da Liebe nun einmal notwendig ist für das geistige und körperliche Wachstum des kleinen Kindes.

Innerhalb der Sozialwissenschaften gibt es viele Untersuchungen, die zeigen, welche Unterschiede in der mentalen und physischen Entwicklung auftreten, sobald ein junges Tier in künstlicher Umgebung aufwächst. Da zeigt sich schnell, dass ein junges Äffchen, das nach der Geburt eine künstliche Mutter bekommt, die maschinell reichlich Wärme und Milch abgibt, sich deutlich schlechter entwickelt als das Äffchen, das bei seiner richtigen Mutter bleibt. Und das betrifft nicht nur die körperliche Entwicklung, sondern vor allem die Entwicklung sozialer Fertigkeiten. Liebe ist lebenswichtig für alle Lebewesen und besonders für Kleinkinder, und die Anpassungsfähigkeit des Kindes ist ein effektives Mittel, um sich diese Liebe zu beschaffen. Eine lästige Nebenwirkung ist leider, dass sich die dabei gelernten Muster einschleifen. Selbst im Erwachsenenalter zeigt das Individuum oft immer noch dieselben Werte und Normen, obwohl dafür keine Notwendigkeit mehr besteht. Man ist nicht mehr abhängig von der elterlichen Umgebung und doch verhält man sich noch stets nach den Mustern, die man in dieser Umgebung erlernt hat. In der Kindheit war das funktionell, es passte in die Umgebung, in der das Kind überleben musste. Doch ab einem bestimmten Zeitpunkt passen die Werte nicht mehr, ebenso wie das Kinderjäckchen, das irgendwann zu klein geworden ist und ausgewechselt werden muss. Entsprechend ist es im Prozess des Erwachsenwerdens wichtig, eigene Normen und Werte zu entdecken. Welche Werte passen zur eigenen Persönlichkeit, zu dem, was man ist? Wo steckt die eigene Kraft und wie kann man diese Kraft in sich finden? Und dann erkennt man häufig, dass die Normen und Werte von früher, wie wichtig sie auch gewesen sein mögen, einen im jetzigen Leben behindern. Und dass die Norm gebende Beurteilung durch die Umgebung, insbesondere durch die Eltern, einen als Kind oft tief verletzt hat. Das geschah zwar meistens völlig unbewusst und war nicht so gemeint, aber es geschah sehr wohl eben doch.

Umgang mit Emotionen und Gefühlen

Solche Wunden aus der Vergangenheit liegen vor allem im Gebiet der Emotionen und Gefühle und in der Art, wie man mit diesen umgeht, z.B. dem Äußern von Trauer oder Ärger. Doch bevor ich das Thema weiter vertiefe, möchte ich eine klare Unterscheidung zwischen Gefühlen und Emotionen machen. Obwohl wir im täglichen Sprachgebrauch kaum einen Unterschied zwischen Gefühlen und Emotionen machen und die Worte ziemlich willkürlich nutzen, haben die Begriffe nicht dieselbe Bedeutung. Das Wort „Gefühl" wird vor allem für das bewusste subjektive Erfahren genutzt. Man kann sagen, bei Gefühlen geht es um eine Berührung mit tieferen Schichten der Seele. Gefühle wirken befreiend und geben Raum, nicht nur für einen selbst, sondern auch für andere. Das Wort „Emotion" wird eher für die Betrachtungsweise von außen genutzt, für die Beschreibung von Stimmungszuständen eines Menschen, die in ihm ein bestimmtes Verhalten hervorrufen. Emotionen werden als etwas zwingendes angesehen; sie wirken vor allem blockierend und bringen einen durch ihren zwanghaften Charakter aus dem Gleichgewicht. Sie verlangen, dass man in Aktion tritt, auch wenn es vernünftiger wäre, in dem betreffenden Moment passiv und abwartend zu bleiben. Worum es uns geht, ist, sich Emotionen bewusst zu machen. Man kann Emotionen ansehen als Ströme von Lebensenergie, die sich einem auf verdrehte Weise aufzwingen. Es geht dabei aber nicht so sehr um die Frage, ob man Emotionen unterliegt oder nicht, sondern wie man damit umgeht. Wenn sich eine Emotion wie Ärger zeigt, dann ist es von größter Wichtigkeit, dass man feststellt und akzeptiert, dass man Ärger empfindet. Das sollte allerdings passieren, ohne dass man sich mit seinem Ärger identifiziert; man selbst ist nicht der Ärger. Es wäre gut, wenn man gedanklich einen bestimmten Abstand zwischen dem Ärger und sich selbst schaffen könnte. Oder anders ausgedrückt, Emotionen gehören zur eigenen Persönlichkeit, wie ein Tisch oder ein bestimmter Stuhl zum Mobiliar des Esszimmers gehört; aber man muss nicht unbedingt immer auf diesem Stuhl sitzen, sondern kann den Stuhl auch von einem anderen Standpunkt aus betrachten. Ebenso verhält es sich mit den Emotionen: Man kann sie auf vergleichbare Weise einfach annehmen.

Dies hat die positive Folge, dass man eine Haltung entwickelt, in der man die momentanen Emotionen bewusst wahrnimmt, ohne sich damit zu identifizieren. Dank dieser Des-Identifikation kann man lernen, mit dem zwingenden Element besser umzugehen, welches Emotionen durchweg beinhalten, indem man in diesem Moment gerade nicht dem Handlungsimpuls nachgibt, den die Emotion hervorruft. Möchte man in seinem Ärger am liebsten die Tür laut zuschlagen, könnte man statt dessen beschließen, einen Spaziergang zu machen und an der frischen Luft erst einmal tief durchzuatmen. So kann die Energie wieder anfangen zu strömen, und Raum entsteht, in dem sich die Emotionen langsam auflösen können, um Platz für andere, freiere Gefühle zu machen. Wenn man sich hierin übt, merkt man nach einiger Zeit, dass man schärfer wahrnimmt;

man lernt sein Gefühlsleben mit Abstand zu betrachten, wie ein guter Beobachter. Indem man derartige Momente der Reflexion einbaut, kommt man sich selbst, dem Wesen, das man wirklich ist, näher.

Wozu unterdrückte Wut führen kann

Emotionen drücken die natürliche Lebensdynamik aus. Das Problem liegt nicht in den Emotionen als solchen, sondern in den Verformungen, die auftreten, wenn eine Emotion von der Umgebung nicht akzeptiert wird. Wut zum Beispiel ist eine Kraftexplosion, die man als Kind nicht ungestraft äußern durfte, da der Ärger eines Kindes in der Regel von Eltern nicht wertgeschätzt wird. Ken Wilber weist in diesem Zusammenhang darauf hin, dass das Verbot, zornig zu sein, eine mögliche Ursache von unechtem Verhalten ist. Es kann nämlich passieren, dass ein Kind die Gewohnheit entwickelt, sich selbst bezüglich seines Zorns anzulügen, indem es sich eine andere Vorstellung der Wirklichkeit schafft. Wie Wilber darlegt, kann es zahllose Gründe geben, die Wirklichkeit innerlich zu verdrehen. Dabei ist es übrigens wichtig zu erkennen, dass man dafür aus seiner kindlichen Erlebniswelt immer einen guten Grund hatte. Meistens ging es dabei um Geschehnisse, die mit Schmerz oder Trauer verbunden waren. Aus solchen Motiven heraus kann man sich selbst anlügen. Manchmal will man bestimmte Erlebnisaspekte, die man in der eigenen Tiefe ahnt, gerade vor sich selbst verstecken. Das kann absichtlich passieren, aber in den meisten Fällen tut ein Kind so etwas unbewusst.

Das Unbewusste ist der geeignetste Ort, um sich auf alle möglichen Arten „anzulügen", und dort versteckt sich auch der Kern der Selbstentkräftung. Die logische Folge ist, dass das Bewusstmachen des Nicht-Bewussten die einzige Möglichkeit ist, die innere Kraft wieder zu mobilisieren. Die Selbstlüge kann durch eine Erfahrung bedingt sein, die für das Kind zu traumatisch war, um sie zuzulassen. Aber sie kann auch eine Haltung sein, die von den Eltern übernommen wurde, weil diese in ihrer Kindheit auch nicht gelernt hatten, mit Emotionen und Gefühlen umzugehen. Und in manchen Fällen hat sie sich als Abwehrmechanismus gegen eine schmerzhafte Wahrheit gebildet. Doch in allen Fällen ist das Unbewusste der Ort, wo die Unaufrichtigkeit gegenüber sich selbst haust: als Ansammlung von Unwahrhaftigkeiten gegenüber sich selbst, die bewirkt, dass man, oft unbewusst und unbeabsichtigt, eine unaufrechte Haltung gegenüber seinen Mitmenschen einnimmt.

Dieses eigene Unbewusste liegt hinter Schloss und Riegel sicher im inneren Tresor versteckt, und deshalb glaubt man, keine Unannehmlichkeiten mehr dadurch zu haben. Doch es gibt immer wieder Momente, in denen es jemandem gelingt, den Tresor zu knacken, wodurch dessen Inhalt schmerzlich sichtbar wird, auch wenn es nur einen Moment dauert. Dann möchte man die Tür so schnell wie möglich wieder zuschlagen und den Schmerz, die Trauer, die Wut, die dahinter leben, wieder hermetisch abschließen. Doch die Tatsache, dass all diese Emotionen dort im unbewussten Gebiet, welches nicht betreten werden darf, eingeschlossen bleiben, ist genau der Grund, der uns hindert, zum Kern der eigenen Kraft zu gelangen. Wenn man einmal erwachsen ist, ist es wichtig, auf die Suche nach der inneren Kraft zu gehen, besonders wenn man in bestimmten Situationen auf blinde Flecken oder Schmerzpunkte stößt. Die können sich unter anderem in Depressivität äußern oder im Gefühl, dass es einem an Echtheit oder Selbstsicherheit im Umgang mit anderen mangelt.

In seinem Buch *Eine kurze Geschichte des Kosmos* gebraucht Wilber das Beispiel der unerlaubten Bosheit gegenüber dem abwesendem Vater, um zu zeigen, welche Wirkung Verdrängungen wie diese schließlich auf die betreffende Person in ihrem Entwicklungsprozess haben. In diesem Fall geht es um ein Kind, das sich selbst verbietet, auf seinen Vater wütend zu sein, weil es denkt, dass die Wut den Vater töten könnte. Auch wenn der Vater abwesend ist, liebt ihn das Kind trotzdem sehr. Deshalb denkt es in seiner kindlichen Logik, dass es besser sei, die Wut nicht zuzulassen. Stattdessen wird das Kind auf sich selbst wütend und beginnt sich als wertlos, schlecht und bedauernswert anzusehen. Es beginnt mit Wut und wandelt sich zu einem Gefühl der Trauer. Das Kind fühlt sich einsam und von allen unverstanden. Was aber tatsächlich passiert, ist, dass es sich selbst nicht mehr versteht. Die tief versteckte Lüge ist Wahrheit geworden und das Kind trägt sie mit sich herum und wird damit erwachsen. Ständig sind Unwahrhaftigkeit und Schmerz da sowie die verborgene Angst, mit seiner Wut den Vater tödlich zu verwunden. Also flüchtet das Kind lieber bezüglich der ganzen Frage in eine Selbstlüge. Die Wahrheit des abwesenden Vaters ist viel zu schmerzhaft um sie zuzulassen, anzuschauen oder gar zu erleben.

Aber wenn man eine derartige Lüge verinnerlicht und zudeckt, verliert man den Kontakt zum ursprünglichen Gefühl: der schmerzhaften Verwundung des kleinen Kindes. Indem der Kontakt mit dem alten Schmerz unterbrochen ist, kann es häufig später zu unverstandenen depressiven Schüben und unaufrichtigem Verhalten kommen. Um das zu überwinden, ist es nötig, die Verbindung mit dem ursprünglichen Schmerz des Kindes wieder herzustellen. Der Weg zur eigenen inneren Kraft scheint nämlich mitten durch das Zulassen, Aushalten und Wiedererleben des Schmerzes zu führen.

Verletzlichkeit als Quelle innerer Kraft

Neben Wut und Schmerz ist Verletzlichkeit ein schwieriges Thema für viele Menschen. Von der Verletzlichkeit sind sowohl Emotionen als auch Gefühle betroffen. Meist ist es schon schwierig genug, die eigenen verletzlichen Seiten zu fühlen und zu akzeptieren, da ist es oft zu viel verlangt, diese auch noch anderen zu zeigen. Und was es noch schwieriger macht, ist, dass das Zeigen von Verletzlichkeit von der Außenwelt in der Regel als Zeichen von Schwäche angesehen wird. Wenn man nicht aufpasst, wird man sofort in die Jammerecke gestellt, und jämmerlich gefunden zu werden, hat etwas ziemlich erniedrigendes. „Ach, der oder die ist ja bedauernswert, dass ihm/ihr so etwas passieren musste", hört man dann in einem Tonfall, der gerne für solche Fälle reserviert wird, und es ist klar, in welche Ecke man geschoben wird. Tatsächlich wird man abgeschoben und ausgeschlossen. Die fehlende Wertschätzung der eigenen Verletzlichkeit führt zur Gefahr, dass man sich gegenüber anderen verschließt und sich weiter verhärtet im Versuch, die eigenen Empfindlichkeiten zuzudecken. Doch Verletzlichkeit hat noch eine andere Seite, und die wird durchweg übersehen. Das Zulassen von Trauer, die man selbst vollständig akzeptiert, sowie das Zeigen von Verletzlichkeit, die man selbst durchaus akzeptabel findet, ist keine Schwäche; es drückt vielmehr eine große Persönlichkeitskraft aus. Wenn man seine eigene Verletzlichkeit völlig erkennt und akzeptiert, dann entsteht daraus eine Kraft. Das Unterdrücken der eigenen Verletzlichkeit trifft man vor allem bei Menschen, die größer erscheinen wollen, als sie sind, und die sich selbst als wichtig verkaufen wollen. Je mehr Selbstdarstellung und Tamtam, desto wahrscheinlicher ist es, darunter Verletzlichkeit zu finden.

Vor einigen Jahren war ich auf einem internationalen Kongress, wo einer der Gastredner plötzlich über sein Enkelkind zu sprechen begann. Er selbst war so gerührt durch seine eigenen Worte, dass sich seine Augen mit Tränen füllten und er kurz innehalten musste, um dem Gefühl der Rührung Raum zu geben. Er hatte gewagt, sein Gefühl und seine Verletzlichkeit als Mensch zu zeigen und gerade dadurch wurde seine Rührung von allen im Saal gefühlt.

Die eigene innere Kraft befindet sich im Herzensgrund und läuft über die akzeptierte Verletzlichkeit quer durch Schmerz, Rührung und Leid bis hin zur Wahrhaftigkeit. Die Frage bleibt jedoch: Was kann ich tun, damit ich zu dieser Kraft komme? Oder anders formuliert: Wie erhalte ich Zugang zu jenem unbewussten Teil meiner selbst?

Mehrere Schichten von Gefühlen

Neben Gefühlen, die man ziemlich direkt in sich wahrnehmen kann, wartet im unbewussten Teil von einem selbst ein Schatz verborgener Gefühle. Gerade diese Gefühle kommen oft zu ganz unerwarteten Momenten hoch, was häufig nicht besonders angenehm oder praktisch ist. Genau genommen sind wir Spielball unserer Gefühle, erstens weil wir keine Kontrolle über sie haben, und zweitens weil die meisten nicht gewohnt sind, Gefühle zu jedem Zeitpunkt des Tages überhaupt bewusst zu erfahren. Häufig verlaufen doch die Tage so hektisch, dass man erst abends, wenn man endlich entspannt auf dem Sofa sitzt, seinen Gefühlen zu den Dingen, die während des Tages passierten, nachspüren kann. Ist man nicht gewohnt, seine Gefühlswelt bewusst zu beobachten, oder schreckt man davor zurück, sind plötzliche Aufwallungen von Wut, Trauer, Abweisung oder Verletzung besonders schwierig zu handhaben. Sie verstören das eigene innere Gleichgewicht, und darüber ist man meistens nicht begeistert. Und doch ist es wichtig, die eigenen Gefühle wahrzunehmen, gründlich zu untersuchen und zu integrieren, denn nur so kann man jemand werden, der aufrichtig mit anderen mitfühlen kann und sich dabei betroffen und verbunden fühlt.

Zudem sollte man sich seinen Gefühlen aus einer positiven Haltung heraus nähern. In der heutigen Gesellschaft wird alles, was mit dem Gefühlsleben zusammenhängt, wie auf sein Gefühl zu hören und seiner Intuition zu folgen, ziemlich schnell als „Softi-Getue" abgetan. Sowohl im Arbeitsleben als auch privat erlebt das Rationale eine unverminderte Blüte. Gefühle werden erst dann als wahr angesehen, wenn sie mit Hilfe von Fakten oder logischen Argumenten begründet werden können. Das ist aber nicht sehr sinnvoll, denn in einem viel früheren Stadium kann gerade das Gefühl oft anzeigen, welche Richtung man einschlagen sollte, lange bevor Fakten offen zutage treten. Eine unbequeme Seite der Gefühle ist allerdings, dass sie einen manchmal in ein Dilemma bringen. Man sieht jemanden das erste Mal und weiß sofort, dass man diese Person nicht mag. Doch warum? Dieser Mensch hat einem nichts getan, man weiß kaum, wer er ist! Und doch passiert es häufig, dass man Monate oder Jahre später feststellt, dass der erste gefühlsmäßige Eindruck doch überraschend zutreffend war.

Ein ganz anderer Aspekt ist, dass es bei jedem Menschen in seinem Gefühlsleben eine gewisse Schichtenbildung gibt, der man sich kaum bewusst ist. Gefühle sind an sich schon für viele eine lästige Angelegenheit. Aber sie werden noch lästiger durch die Tatsache, dass, je tiefer man von etwas berührt wird, es umso weniger Worte gibt, um die Gefühle, die aufkommen, ausdrücken zu können. Dieses Phänomen ist vor allem zurückzuführen auf das, was wir im gesellschaftlichen Zusammenleben als wichtig erachten. Ein schönes Beispiel gibt Clemens Kuby in seinem Buch *Unterwegs in die nächste Dimension*: In einem Land wie Tibet scheint es nur ein einziges Wort zu geben um Kühlschrank, Telefon, Computer, Backherd, Fernsehgerät oder Radioapparat zu benennen. Das reicht für diese Menschen aus, um das, was sie meinen, mitzuteilen. Doch bezüglich ihrer Gefühle und inneren Erlebenswelt haben sie einen Wortschatz mit großen Differenzierungen. Die tibetische Kultur ist also stark auf das innere Leben der Menschen gerichtet und logischerweise sind ihre sprachlichen Ausdrucksmöglichkeiten in diesem Bereich sehr präzise. Unsere westliche Welt ist mehr auf Materielles als auf Gefühle gerichtet, und das findet seinen Widerhall ebenfalls in der Entwicklung unserer Sprache. Für materielle Dinge haben wir endlos viele Worte, doch sobald es um Gefühle geht, fehlen Worte, um subtilere Nuancen des Erlebens ausdrücken zu können.

In den letzten Jahren scheint sich hier übrigens ein Wandel zu vollziehen und es gibt eine wachsende Tendenz, Gefühle mitspielen zu lassen in den Dingen, die wir tun, und den Entscheidungen, die wir fällen. Wenn wir uns also heutzutage über Gefühle und Intuition austauschen, ist es wichtig, sich differenzierter auszudrücken. Dann denke ich beispielsweise an Fragen wie: Über *welche Schicht* unserer Erlebenswelt sprechen wir, wie könnte man sie beschreiben und wie gehen wir damit um? Was für Tibet in Bezug auf Sprachdifferenzierung gilt, gilt in bestimmtem Sinn auch für Japan, wo man dem inneren Leben ebenfalls einen wichtigen Platz einräumt. Das hat im Lauf der Jahrhunderte wiederum zu einem sehr detaillierten Wortschatz geführt, viel differenzierter, als wir uns das vorstellen können. Aus diesem Grund mache ich zum Beschreiben der unterschiedlichen Schichten unserer Gefühlswelt gerne Gebrauch von japanischen Begriffen, da diese eine solche Schichtung und solchen Tiefgang ganz natürlich ausdrücken.

Wie viel Weisheit steckt im Bauchgefühl?

Einer der japanischen Begriffe, der auf spezielle Gefühlsschichten verweist, ist das Wort *Hara*. Damit bezeichnet man den Bereich des Bauches unmittelbar unter dem Nabel, in dem die Gedärme mit ihren vielen Windungen liegen. Von diesem Teil des Unterleibs ist bekannt, dass er eine äußerst subtile Feinfühligkeit besitzt.

Der amerikanische Neurobiologe Michael Gershon untersuchte in den 1990er Jahren das Nervengeflecht im Darmbereich,

Abb. 5: Hara, die Weisheit des Bauches
– Tuschezeichnung von Hakuin

was zu recht spektakulären Entdeckungen führte. In seinem Buch *The Second Brain* erklärt er, warum die Gedärme in mancher Hinsicht vernünftiger sind als der Kopf und über mehr Gefühlsfähigkeit verfügen.

Im Bauchbereich scheint ein selbstständig funktionierendes Nervensystem zu bestehen, das über mehr Nervenzellen verfügt als unser Gehirn. Es sieht also danach aus, dass Entscheidungen aufgrund unseres Bauchgefühls nun nicht mehr einem Blackout des Intellekts oder einem hyperaktiven Gefühlsleben zugeschrieben werden können. Im Körper scheint der Bauch als autonomes Zentrum zu funktionieren, das über seine eigene Weisheit und über ein anderes Wahrnehmungssystem verfügt als das Gehirn.

Und eigentlich wissen wir auch, dass unser Darmbereich deutliche Signale gibt, wenn wir mit schwierigen Geschehnissen und Gefühlen konfrontiert werden. Wir haben dann beispielsweise keinen Appetit und unser Darm scheint wie zugeknotet zu sein. Ein wichtiger Unterschied ist, dass unser Kopf die Dinge linear wahrnimmt, während der Bauch Geschehnisse in ihrer Ganzheit erlebt und dabei Aspekte aufzeigt, die nicht direkt wahrnehmbar sind. Insgesamt gibt es bei dieser Herangehensweise vielleicht mehr Weisheit als in unserem verstandesmäßigen linearen Denken. Dringende Fragen zu dem, was wir tun oder lassen sollen, könnten wir vielleicht besser dem Bauch vorlegen als dem Intellekt.

Der Autor Manfred Kets de Vries sagt in seinem Buch *Worstelen met de demon* (Ringen mit dem Dämon), dass es Menschen gibt, die sich ausschließlich mit dem beschäftigen wollen, was überdeutlich anwesend ist. Dinge, die nicht unmittelbar wahrnehmbar sind, so deren feste Überzeugung, bestehen nicht. Was nicht beweisbar ist, gibt es nicht. Sie klammern sich an die Illusion, dass sie alles unter Kontrolle haben. Wer diesem Standpunkt huldigt, will überhaupt nicht wissen, was in der menschlichen *Black Box* verborgen liegt, aus Angst vor Gedanken und Emotionen, die vielleicht äußerst verwirrend sind. Durch diese Herangehensweise wird der Mensch zu einer Maschine reduziert, bei der rational festgestellt werden kann, wann ein Freude- oder Schmerzerleben auftritt. Kann dies ein verlässliches Bild des menschlichen Verhaltens sein? Ganz und gar nicht. Wir selbst merken doch, welch tiefe Kluft besteht zwischen solch intellektuellen Herangehensweisen und den Prozessen, die sich wirklich abspielen, denn die tatsächliche Wirklichkeit ist enorm komplex. Glücklicherweise kommt man immer mehr dahinter, dass eine Herangehensweise aus dem Rationalen unvollständig bleibt, wenn wir wirklich verstehen wollen, was den Menschen bewegt, was seine tiefsten Triebfedern sind.

Die stille Begegnung mit den eigenen unbewussten Anteilen

Was Stille und Ruhe zu bieten haben, ist vor allem die Begegnung mit und die Annahme von eigenen tiefen Triebfedern, die oft aus Trauer, Schmerz oder Verletzung entstanden sind. Annahme bedeutet, die Tatsache zu akzeptieren, dass die Dinge so sind, wie sie sind. Voraussetzung dafür ist, dass man der Trauer und dem Schmerz Raum gibt, ohne ein Urteil darüber zu fällen, und dass man sie als das bestehen lässt, was sie sind. Trauer und Schmerz benötigen Zeit, Reifezeit oder Trauerzeit, und dazu müssen im Innern ausreichend Ruhe und Stille vorhanden sein. Dann kann man die innere Welt betreten und Wunden in Augenschein nehmen. Eine innere Verwundung kann allerdings auch eine Quelle innerer Kraft werden. Ruhe ist ein Mittel, wodurch man die Trauer, den Schmerz oder die Wut anschauen und annehmen kann, ohne darüber zu urteilen. Und Stille bedeutet hier, dass eine wesentliche Begegnung mit sich selbst stattfinden kann. Diese Stille liegt in einem Gebiet, das sich hinter dem üblichen Gedankenstrom befindet. Sie ist ein Raum, worin man sich selbst aufs Tiefste begegnet und seine persönliche Kraft berührt. Das kann man durch das Üben von Zazen erfahren, dem Sitzen in Stille.

Als Beispiel für das Annehmen von Schmerz und Trauer möchte ich ein Kōan aus dem *Hekiganroku*, der wichtigsten Kōan-Sammlung der Zen-Literatur, nutzen. Dieses Kōan wird gewöhnlich „Ummons guter Tag“ genannt. Das Kōan berichtet, dass Meister Ummon zu seinen Schülern sagte: „Ich frage euch nicht, wie es euch vor dem 15. Tag geht, sagt mir aber, wie es euch nach dem 15. Tag geht.“ Ohne eine Antwort seiner Schüler abzuwarten, fügte er hinzu: „Jeder Tag ein guter Tag.“ Was Meister Ummon hier tatsächlich seine Schüler fragte, war, wie sie nach ihrer Erleuchtungserfahrung das Alltagsleben erfahren. Anders ausgedrückt sagte er: Ich frage euch nicht, wie ihr vor eurer Erleuchtungserfahrung den heutigen Tag erlebt, sondern wie es euch danach ergeht. Ich frage nicht nach der Vergangenheit, sondern nach der Art, in der ihr das „Jetzt" erfahrt, den gegenwärtigen Augenblick.

Der Kern einer Aussage wie „Jeder Tag ein guter Tag" ist, dass keine Ausnahmen bestehen. Selbst unter traurigsten Umständen ist dieser Tag ein guter Tag und dieser Moment ein guter Moment. Ummons Frage beinhaltet die Prüfung des Erleuchtungserlebens seiner Schüler. Geht dies so weit, dass sie auch in einer Situation von reiner Verzweiflung und Schmerz bestätigen, dass jeder Tag ein guter Tag ist? Ein eindringliches Beispiel dafür erlebte ich letzten Sommer, als eine meiner Zen-Kolleginnen ein *Teishō* (einen Vortrag) über dieses Kōan gab. Sie berichtete von der Zeit, als sie noch bei ihrem Zen-Meister in der Ausbildung war. Eines Morgens saß sie gegenüber ihrem Meister im *Dokusan*, dem persönlichen Gespräch zwischen Meister und Schüler, und präsentierte ihre Einsicht zu Ummons Dilemma. Ihr Zen-Meister fragte sie, ob der Ausspruch „Jeder Tag ein guter Tag" noch über ihre Lippen kommen würde, wenn eines ihrer Kinder sterben würde. Nach diesem Gespräch mit ihrem Meister kehrte sie nach Hause zurück und erfuhr, dass ihr Sohn an diesem Morgen bei einem Verkehrsunfall ums Leben gekommen war. In diesem niederschmetternden Moment wurde das Kōan zu ihrer „Wirklichkeit" und entwickelte sich in den Folgejahren zu ihrem Lebens-Kōan.

Können wir wirklich sagen, dass jeder Tag ein guter Tag ist? Das Ergründen dieses Kōans bedeutet nämlich eine bedingungslose Akzeptanz all dessen, was sich ergibt, auch wenn es so niederschmetternd ist wie die Erfahrung der Mutter, die ihr Kind verliert. Worum es geht, ist das wirkliche Zulassen und Akzeptieren von Leid und Schmerz. Das ist von großer Wichtigkeit, weil ein solcher Schmerz nicht vergeht. Aber mitten im Schmerz liegt eine Quelle innerer Kraft, die zum elementarsten

Kern des eigenen Wesens führt. Ruhe und Stille sind Qualitäten, die durch Sitzen in Stille genährt werden. Aufgrund ihrer Wesensart sind sie so wichtig, um derart ergreifende Dilemmas zu ergründen und durchzustehen.

Der weibliche Aspekt

Außer Schmerz, Trauer und Verletzlichkeit gibt es noch weitere Gefühle, die man vorzugsweise der weiblichen Seite zuschreibt. Nicht nur die bekannte weibliche Intuition, sondern auch das Äußern von Emotionen ist etwas, das bei Frauen eher an die Oberfläche kommt als bei Männern. Wenn man jemanden fragt, was die Essenz des Weiblichen sei, wird meistens als Erstes bemerkt, dass Frauen eher auf ihr Gefühl vertrauen als auf Fakten und konkrete Resultate. Und häufig würden sie sich auch mehr durch ihre Gefühle leiten lassen, was Männer im Allgemeinen besonders irrational und unpraktisch finden. Andere Qualitäten des Weiblichen sind meistens Sanftmut, Milde und impulsives Handeln, während der *Drive* von Männern stärker auf Analyse, Logik und linearem Denken aufbaut und zudem häufig von Ungeduld gekennzeichnet ist.

Doch langsam beginnt man zu entdecken, dass es in unserem Leben nicht nur um reine Rationalität und Logik geht, auch wenn diese Einsicht noch nicht Allgemeingut geworden ist. Das Leben ist ständig voll unerwarteter Dinge, die die auf Fakten und Logik basierenden Prognosen völlig durcheinander werfen. Wie oft kommt es doch vor, dass man mit jemandem eine Verabredung hat, die im letzten Moment abgesagt wird. Dann sieht der Tag auf einmal ganz anders aus. Wer sich umschaut, wird zugeben müssen, dass das Leben auf Makro- und Mikroniveau ziemlich unvorhersehbar und unbeherrschbar ist. Aus dieser Perspektive heraus ist es ratsam, auch seine intuitiven Seiten zu entwickeln, denn gerade dadurch kommen Fähigkeiten wie Kreativität, Improvisationsvermögen und Toleranz zur Entfaltung. Unlogisches und Irrationales bestimmen das tägliche Leben mehr, als wir gewöhnlich zugeben wollen. Wir lassen uns weiterhin von rationalen Erwägungen leiten, während gleichzeitig unlogische und unerwartete Dinge unseren sorgfältig aufgestellten Terminplan durcheinander werfen. Es wird Zeit, dass wir uns der Begrenztheit des rationalen Denkrasters bewusst

Abb. 6: Der weibliche Aspekt, auf dem geflügelten Drachen der Weisheit sitzend – Tuschezeichnung von Hakuin

werden und lernen, uns einem umfassenderen Bewusstsein zu öffnen, das auch unserer Gefühlswelt Raum gibt.

Was können wir vom Rhythmus des Zeitflusses lernen, von all den unvorhersagbaren Ereignissen, die das Leben uns auftischt? Aus einem größeren Zusammenhang betrachtet, scheint unser Gefühl häufig mehr und verlässlichere Anhaltspunkte zu bieten als Analyse und Rationalität. Es geht um eine Bewegung, die von logischen Aspekten hin zu empathischen und gefühlsmäßigen Positionen führt. Vielleicht ist eine Annäherung aus dem Gefühl heraus die beste Art, um einen größeren Blick und Zugriff auf die unlogischen Seiten der Existenz zu erhalten. Hieraus soll übrigens nicht geschlossen werden, dass Rationalität und Logik nutzlose Prinzipien sind. Wir müssen allerdings lernen, sie nur auf den Gebieten zu nutzen, wo sie wirklich nützlich sind, und die überwältigende Macht ihrer illusionären Größe wohlüberlegt einschränken.

Der Atem

„Der wahre Mensch atmet mit den Fersen; der einfältige Mensch mit der Kehle." Das sind die Worte von Chuang-tse, zitiert von Hakuin in seiner Autobiographie *Wilder Efeu*.

Wie das Hara als Kraft- und Weisheitsbrunnen beschrieben wird, so wird auch der Atem als wesentlicher Teil davon angesehen. Denn über die Atmung haben wir Zugang zur Quelle innerer Kraft. Der Atem ist das Fahrzeug der essenziellen Lebensenergie, die *Prāna* genannt wird. Bei tiefer Atmung erfahren wir Raum und Freiheit, und das ist eigentlich ein guter Gradmesser, um zu bestimmen, wie es uns geht. Wenn man Atmung mit Essen und Trinken vergleicht, findet man, dass ein Mensch ohne Essen vier bis sieben Wochen überleben kann und mehrere Tage ohne Trinken, aber kaum fünf Minuten ohne Atmung. Der Atem sorgt nicht nur für unsere Energie, sondern im eigentlichen Sinn auch für unser Leben. Atmen bedeutet, den Lebensstrom aufrechtzuerhalten. Trotzdem wird dem nur wenig Aufmerksamkeit geschenkt; man beginnt meistens erst dann darauf zu achten, wenn man Probleme bekommt. Beispielsweise wenn man so verängstigt ist, dass einem der Atem stockt, oder wenn man im Hochgebirge wortwörtlich in Atemnot gerät. Doch wie steht es mit der eigenen Atmung während gewöhnlicher Alltagsaktivitäten? Wie holen Sie eigentlich Atem? Sind Sie sich dessen bewusst? Geht der Atemstrom so unbehindert durch Ihren Körper, wie es wünschenswert ist? Wenn Sie gestresst sind, steckt Ihnen dann direkt der Atem oben im Hals und Sie werden kurzatmig? Wir wissen doch im Prinzip alle, dass ein langsamer Atemrhythmus, angefangen mit der Bauchatmung, viel mehr Energie gibt. Und dass gerade dort unsere Kraft wohnt.

Innere Kraft wird in der östlichen Weisheitslehre auch als *Ch'i* bezeichnet, was man als Lebenskraft versteht. Der Bereich im Körper, in dem diese Kraft gesammelt und gebündelt wird, ist der Punkt knapp unterhalb des Bauchnabels. Deshalb werden Zen-Meister manchmal mit deutlichem Bauch abgebildet, um diese Lebenskraft auszudrücken.

Was man mit Ch'i oder Prāna benennt, ist die äußerst subtile Lebensenergie, die auf unserem Niveau in Nahrung, Wasser und Sonnenlicht zu finden ist, die aber in größerem Zusammenhang als frei schwebende Substanz im ganzen Universum vorhanden ist. Wir leben sozusagen in einem Ozean von Prāna. In der Yoga-Tradition kennt man verschiedene Atemtechniken, um diese subtile Lebensenergie zu aktivieren und zu verstärken. Das Beherrschen der Prāna-Ströme wird in der Yoga-Praxis als *Prānāyāma* bezeichnet. Derartige Atemübungen werden häufig in Kombination mit bestimmten Yoga-Übungen durchgeführt.

Auch bei der Zen-Meditation steht der Atem an zentraler Stelle, und das Ein- und Ausatmen verlangsamt und vertieft

Abb. 7: Selbstbildnis von Hakuin (mit deutlich dargestelltem Bauch, dem Zentrum von Kraft und Vitalität)

sich. Wenn man die Atmung aufmerksam beobachtet, kann man sich der Verkrampfungen und Verspannungen bewusst werden, die im Körper stecken. Durch Beobachtung und Bewusstwerdung kann man lernen, seinem Atem mehr Freiheit und Raum zu geben. Und man lernt, mehr Prāna oder Lebensenergie mit der eingeatmeten Luft aufzunehmen, wodurch man sich merklich vitaler fühlen wird. Darüber hinaus wird so die Atmung ruhiger, was nach einer gewissen Zeit dem ganzen System Ruhe bringt, wodurch es sich besser aufladen kann und auch energiereicher wird. Aus diesem Grund lernen Meditations-Anfänger zuerst, die Aufmerksamkeit auf den ein- und ausgehenden Atemstrom zu richten. Die Übung, die Atemzüge stets wieder von eins bis zehn zu zählen, hat verschiedene Ziele: Sie gibt der Aufmerksamkeit einen Fokussierungspunkt, wodurch Gedanken zur Ruhe gebracht werden können; sie macht die Atmung ruhiger; man atmet so bewusster und effektiver, wodurch man mehr Prāna und Lebensenergie aus der Luft aufnehmen kann. Indem man die Ausatmungen zählt, geht die Aufmerksamkeit auch mehr nach unten, tief in den Unterkörper. Und weil man mit seiner Aufmerksamkeit nicht an zwei Plätzen gleichzeitig sein kann, zieht man sich automatisch etwas aus dem Kopf zurück, wodurch auch dort etwas mehr Raum entsteht. Man ist stärker in seinem Unterkörper anwesend und dadurch sammelt man von selbst Ch'i-Kraft.

Hiermit nähern wir uns auch dem Begriff „Hara", womit gemeint ist, vor allem aus der Kraft und Vitalität zu leben, die im Bauch wohnen, statt den denkenden Kopf in den Mittelpunkt zu stellen. Die alten Zen-Meister wiesen ihre Schüler stets darauf hin, wie wichtig es sei, Vitalität und Lebenskraft zu erhalten und zu fördern. Das beinhaltet ebenfalls, dass man lernen muss zu fühlen, was gut für einen ist, und dass man sich um ein gutes Gleichgewicht von Aktivität und Ruhe bemühen sollte.

Eine altmodische Gewohnheit, die plötzlich wieder in Mode kommt, ist der Mittagsschlaf. Es scheint, dass Menschen, die sehr effizient arbeiten, sich in vielen Fällen mit Hilfe einer Art Nickerchen zwischendurch aufladen. Bei Tieren findet man das tatsächlich als Methode, um die zur Verfügung stehende Energie optimal zu nutzen. In unserer modernen hektischen Gesellschaft ist diese Gewohnheit mehr oder minder verloren gegangen. Nachdem man den Effekt solcher Schlafpausen inzwischen wissenschaftlich untersuchte, wurde ihnen der Modename *Power Naps* gegeben. Was in solchen Momenten im Körper passiert, ist, dass man sich für eine Zeit im Bereich zwischen Wachen und Schlafen befindet. Und gerade in diesem Grenzgebiet ist die subtile Lebensenergie zu finden, mit der man sich in beschleunigtem Tempo aufladen kann. Wahrscheinlich würden viele Menschen am Nachmittag mehr leisten, wenn sie sich auf eine solche Ruhepause von einer viertel bis einer halben Stunde einlassen würden.

Die alten Zen-Meister kannten wohl diese Methode. Das kann man aus der Art schließen, wie sie während des Sitzens in der Lotus-Position, häufig Tage und Nächte hintereinander, ab und zu in eine Art Wachschlaf gerieten. Durch das Sitzen in Stille lernten sie, Prāna direkt aus diesem subtilen Bereich zu sich zu nehmen. Eines der klassischen Sūtras verweist auf einen solchen Zustand permanenter Wachsamkeit durch die Worte: „Wenn die Augen nie schlafen, verschwinden die Träume von selbst." Es ist wohl so, dass die wichtigste Quelle dieser Lebenskraft oder Prāna in der Atmosphäre zu finden ist. Tausende von Jahren bevor unsere Wissenschaftler die Elektrizität entdeckten, wussten die Yogis bereits, dass die Atmosphäre mit einer äußerst subtilen Form von Energie schwingt, die der Hauptlieferant der Energien ist, die im menschlichen Körper wirken. Indem wir solche Zwischenschlaf-Perioden einlegen, können wir uns wie ein Akku an dieser Energiequelle aufladen.

Die erotische Kraft

Der Eros umfasst ein ganzes Feld innerer Kräfte, die vielleicht die stärksten und zugleich am schwierigsten zu nutzenden Kräfte in uns sind. Vom Ursprung her beinhaltet der Eros sowohl weibliche als auch männliche Eigenschaften. Er ist ein äußerst subtiles und mächtiges Phänomen, das durch verschiedene Sinnesorgane erfahren werden kann. Eine flüchtige Berührung mit jemandes Hand, Lippen, selbst ein Augenaufschlag kann ausreichend sein, um erotische Gefühle zu wecken. Und manchmal können diese so nachdrücklich in der eigenen Gefühlswelt anwesend sein, dass man frustriert wird, wenn das daraus entstehende Verlangen nicht erfüllt wird. In dieser Hinsicht gibt es einige Übereinstimmung mit der Wirkung von Emotionen, die auch eindrücklich nach Aktion verlangen können. Es geht hier also um eine besonders starke Lebensenergie, die voller Gegensätze ist. Wegen ihres zwiespältigen Charakters bestand sowohl in der Zen-Tradition als auch in der christlichen Mystik immer die Neigung, diese Art sensibler Themen zu umschiffen. Die Klöster predigen seit alters her das Zölibat, und das ist im Osten nicht anders als im Westen. Gleichzeitig finden sich in asiatischen Ländern viele mit erotischen Abbildungen geschmückte Tempel, die trotzdem immer auf das Höchste verweisen, auf Befreiung und auf Ergründung des eigenen wirklichen Wesens. Um den Eros von dieser einseitigen Sichtweise zu erlösen, möchte ich unter anderem eine Geschichte aus der griechischen Mythologie nutzen: Sie ist ein Teil von Platos *Symposion*, das ich hier nacherzähle nach der deutschen Version, die *Das Gastmahl* heißt.

Bei der Geburt von Aphrodite, der Göttin der Liebe, feierten die Götter ein überschwängliches Fest im Haus des Göttervaters Zeus. Unter den Gästen befand sich auch ein Gott namens Reichtum oder Überfluss, seinerseits Sohn des Gottes der Weisheit. Beim Festmahl wurde dem göttlichen Nektar kräftig zugesprochen. Gegen Ende des Abends klopfte die Göttin der Armut an die Tür und machte mit ihrem Bettelnapf die Runde. Benebelt durch den Nektar hatte sich Reichtum in den Garten des Zeus begeben und war unter einem Baum in Schlaf gefallen. Nach ihrer Bettelrunde betrat Armut auch den Garten und kam dort auf den Gedanken, dass sie aufgrund ihrer eigenen Bedürftigkeit gerne ein Kind von Reichtum hätte. Sie schmeichelte sich an ihn, und aus ihrem Zusammensein wurde Eros geboren. Mit einer Mutter wie Armut und einem Vater, der Reichtum heißt, ist es nicht verwunderlich, dass Eros einen gespaltenen Charakter hat. Er ist der Begleiter und Diener der Aphrodite, weil er während ihres Geburtsfestes gezeugt wurde, aber auch weil er von Natur aus das Schöne liebt, und Aphrodite *ist* eine Schönheit. Eros hat von seinen Eltern sehr entgegengesetzte Eigenschaften geerbt. Von seiner Mutter hat er die Bedürftigkeit, weshalb er immer nach mehr sucht. Viele glauben, er sei zart und schön, doch er kann auch hart und rau sein. Und ebenso wie sein Vater ist er ein echter Jäger, eifrig, neugierig, immer nach Weisheit suchend. Obendrein ist er ein phantastischer Verführer. Durch seine Geburt aus dem Zusammentreffen des Überflusses mit der Armut befindet er sich immer irgendwo zwischen Weisheit und Torheit.

Ein ganz anderer Ort, an dem das Erotische mit seinem zweiseitigen Charakter eine Rolle spielt, ist die Minneliteratur der christlichen Mystik, die sich im 12. und 13. Jahrhundert entwickelte, vor allem unter den so genannten Beginen. In seinem Buch *Mystik: Geschichte und Herausforderung* schreibt Bruno Borchert, dass diese Beginen im allgemeinen recht belesene Frauen aus begüterten Familien waren, die sich vom Familienleben losgesagt hatten, um sich völlig der Minne, der Gottesliebe, zu weihen. Das Besondere dieser Frauenmystik ist laut Borchert, dass deutlich wird, wie auch der Körper mit seinem Verlangen bei solchen mystischen Erfahrungen betroffen ist, und dass dabei sogar realistische sexuelle Beschreibungen gebraucht werden, um die Einheit mit Gott in Worte zu fassen. Eine der wichtigsten Beginen dieser Strömung war Hadewijch, die Mitte des 13. Jahrhunderts in der Umgebung von Antwerpen lebte. In ihrer erotischen Liebe zu Gott geht es nach Borchert nicht um die Einswerdung mit dem Geliebten, sondern um das Erleben des unerfüllten Verlangens.

Meine Ansicht dazu ist, dass gerade der Aspekt des unerfüllten Verlangens entscheidend ist, denn durch die Unmöglichkeit, dieses Verlangen zu erfüllen, kann es über sich selbst hinauswachsen und in sich selbst Erfüllung finden. Wie Borchert es sagt, ist es „gerade in der Seele des Menschen, dass Gott und Mensch einander ebenbürtig werden können", worauf er Hadewijch zitiert:

Die Seele ist ein Weg, den Gott entlang geht
hin zu seiner Freiheit, von seinem tiefsten Punkt aus.

Nach Borchert steht bei Hadewijch das „Sehvermögen der Seele" an zentraler Stelle, und es hat für sie zwei Elemente: Vernunft und Minne. Sie sagt dabei, dass die Vernunft den eigenen Weg wohl weiß, nämlich dass durch das Erkannte der Gott erreicht wird, der jenseits jeglicher Form des Wissens steht. Das andere Element, die Minne, sieht hingegen das eigene Unvermögen und weiß nichts von klaren Wegen. Und gerade in dieser Ohnmacht erfährt Hadewijch, dass sich der Weg zu Gott öffnet. Ihre mystischen Gefühle tragen erotische Aspekte, nämlich ein intensives Verlangen nach Einswerdung und Verschmelzung, das mit sexuellen Gefühlen einhergeht, die sich selbst übersteigen. Eine andere Mystikerin, die Borchert beschreibt, die Begine Mechthild von Magdeburg, spricht bezüglich ihrer mystischen Erfahrung über „das fließende Licht der Gottheit". Die erotischen, von Liebe erfüllten Gefühle dieser Mystikerin beschränken sich jedoch nicht auf erogene Zonen. Es geht hier eindeutig um einen subtilen Energiestrom, der ihr ganzes Wesen durchfließt.

Was für diese Mystiker gilt, ist auch für uns erreichbar, nur müssen wir dann bereit sein, uns diese Prozesse und das wahre Wesen der erotischen Energie bewusst zu machen, und müssen lernen, diese Energie in der rechten Weise zu handhaben. Die Glücksgefühle, die dann eine Chance zum Entstehen haben, kommen nicht länger aus einem einzigen sexuellen Punkt, denn die Quelle ekstatischer Energie, die dann aufsprudelt, befindet sich nicht an einem begrenzten Ort: Sie ist ein pulsierender Strom geworden, der über alle Körperporen austritt und sich dadurch zu einem allumfassenden Erleben entwickeln kann. Schließlich kann die Erfahrung eine Form annehmen, die einen von jeder Abhängigkeit befreit und in ein erfüllendes Glücksgefühl mit ekstatischen Aspekten mündet. Diese Glücksgefühle sind viel ausgedehnter und länger dauernd als die gewöhnliche körperliche Ekstase. Diese neue und total andere Erlebensform entwickelt sich nicht nur zu einem tiefem Glücksempfinden, sondern auch zu einer unbegrenzten Liebe und Dankbarkeit gegenüber allen Menschen, Tieren und Naturelementen der Welt. Es sind Gefühle, die wie Wellen durch einen hindurch strömen, ähnlich wie Meereswellen heranrollen und sich wieder zurückziehen in einem unaufhörlich pulsierenden Bewegungsprozess, der immer wieder zum Strand führt.

Diese Kraft repräsentiert ein Lebenselement, das für die eigene Person besonders heilsam ist und überdies zu anderen ausstrahlen kann, ohne dass dazu eine physische Berührung nötig wäre. Darum ist es so wichtig, das erotische Verlangen zu erkennen und zu akzeptieren, im völligen Wissen, dass dieses Verlangen vielleicht niemals wirklich gestillt wird. Es geht um das Genießen des Verlangens an sich, wodurch es über seine egoistisches Natur hinauswachsen kann und etwas anderes, etwas Neues werden kann. Es geht also nicht um die Befriedigung des Verlangens, sondern um das Verlangen als solches. Und genau das ist es, worauf die Techniken der Tantra-Übungen verweisen, ebenso wie auch die Methode, die von den Kaisern des alten China angewandt wurde: Der rechte Gebrauch des *Ch'i* als existentieller Energie, die einem ewige Jugend gewähren kann. Der Eros muss sich einen Mittelweg zwischen Enthaltung und maßloser Genugtuung suchen.

In der Zen-Praxis lernt man, Gefühle und Kräfte wie ein Zuschauer zu beobachten, ohne ihrem Impuls zu folgen. Durch das Wahrnehmen und Akzeptieren solcher Gefühle werden sie sich nach einer gewissen Zeit in ihrer Färbung ändern. Häufig sieht man, dass gerade eine „unmögliche" Liebe im Stande ist, derartige Gefühle zu erwecken. Die Unmöglichkeit, diese Liebe aktiv und physisch auszuleben, ist wie eine virtuelle Mauer, was dazu führen kann, dass sich die Energie allmählich transformiert. Eine unabdingbare Voraussetzung ist allerdings, diese Gefühle nicht zu unterdrücken oder zu bagatellisieren, sondern sie in Augenschein zu nehmen und zu akzeptieren, so wie sie auftreten. Innerhalb der Zen-Geschichte bildet Meister Ikkyū (1394–1481) in Bezug auf das Thema Erotik eine der großen Ausnahmen in der jahrhundertealten Tradition der Zen-Meister. Nicht, weil Sexualität im Zen nicht vorkommen würde, sondern weil er Erotik und wie er sie erlebte, explizit beschrieb. In der Zen-Literatur gibt es nur wenige Kōans, in denen Sexualität offen angesprochen wird, die meisten Zen-Lehrer lassen sie lieber außer Acht. Der erotische Aspekt ist an sich bereits ein Kōan, ein innerer und inhärenter Gegensatz. In einem seiner Gedichte, enthalten in der Sammlung *Three Zen Masters* von John Stevens, drückt Ikkyū das wie folgt aus:

Folge blindlings der Regel des Zölibats
und du bist nicht mehr als ein Esel.
Breche sie und du bist einfach nur ein Mensch.
Der Zen-Geist ist entlang vieler Wege erkennbar,
so zahlreich wie es Sandkörner im Ganges gibt.

Eine tiefere Wahrheit liegt hinter diesen Worten verborgen, die jedoch nur durch eine Verfeinerung der Sinnesorgane zu finden ist, wodurch die Wahrnehmung schärfer und die Erfahrung umfassender werden. Der entscheidende Punkt ist, auch das erotische Gebiet anders zu erfahren, wodurch es auf ein neues Niveau gehoben wird. Diese Energie handhaben zu lernen, ist vor allem ein Prozess des Abtastens und Stillhaltens. Und hier, in diesem paradoxen und schwierig zu ergründenden Gebiet der Erotik, bietet das Prinzip des Wu-Wei, des Abtastens und Stillhaltens *(siehe Kap. 7)* einen festen Halt. Die folgende Geschichte ist eines der wenigen Kōans, die dieses Thema offen behandeln.

Eine alte Frau hatte auf ihrem Erbteil eine Einsiedlerhütte für einen Mönch bauen lassen. Zwanzig Jahre lang hatte sie ihn treu versorgt. Eines Tages beschloss sie zu untersuchen, wie es um seine Erleuchtung bestellt sei. Sie schickte ein junges Mädchen zu seiner Hütte mit der Aufgabe, ihn zu verleiten. Das Mädchen fiel dem Mönch leidenschaftlich um den Hals und fragte ihn, was er fühlte. Der Mönch reagierte zurückhaltend und antwortete steif: „Ein einsamer Baum zwischen befrorenen Felsen, ohne eine Spur von Wärme." Als die alte Frau diese Antwort des Mönchs zu hören bekam, jagte sie ihn aus der Einsiedlerhütte und steckte diese in Brand. Warum tat sie das?

Gerade in der erotischen Umarmung als solcher manifestiert sich die letzte Wirklichkeit. Durch seine Reaktion zeigte der Mönch, dass er diese innere Wahrheit noch nicht begriff. Die erotische Energie verschwindet nämlich nie, auch nicht nach dem großen Tod, das heißt dem Durchbrechen der Erleuchtung. Das einzige was sich ändert, ist die Form, in der sich die erotische Energie ausdrückt. Sie ist dann nicht mehr von einem Anderen abhängig und verlangt nicht mehr nach Erfüllung, da ihre Erfahrung in sich selbst erfüllend ist. Die Frau jagte den Mönch aus seiner Hütte, weil ihm diese essenzielle Einsicht fehlte.

Für Ikkyū gilt Leidenschaft als der Amboss, auf dem die Erleuchtung geschmiedet wird. Es ist wichtig zu verstehen, dass rechte Leidenschaft in Form von erotischen Gefühlen das Lebenselixier in sich trägt und darum die Möglichkeit bietet, auf ein anderes Bewusstseinsniveau zu geraten, einzig mit Hilfe von Wahrnehmen, Akzeptieren und Nicht-Handeln. Indem man diesen Gefühlen erlaubt, anwesend zu sein, ohne sie zu unterdrücken oder anzustacheln, werden sie langsam aber sicher ihre Form verändern. Sie äußern sich dann nicht mehr nur durch einen einzigen Kanal, sondern durch alle Möglichkeiten des eigenen Wesens. Eros ist in seiner Essenz ein Kōan und wird in sich immer gegensätzlich sein. Seine Auflösung liegt sicherlich weder im Unterdrücken von Gefühlen noch in hemmungslosem Nachgeben gegenüber dem Verlangen, denn dadurch lässt man die essenzielle Lebensenergie aus dem System wegfließen. Die Bestätigung dieses Standpunktes finden wir sowohl bei Ikkyū als auch bei Hadewijch wieder. Der subtile erotische Energiestrom hat seine ganz eigene Dynamik, die kommt und geht, und der ich-gebundene Wille hat darüber keine Kontrolle. Wie gesagt manifestiert sich dieser Energiestrom in einer pulsierenden und ausdehnenden Bewegung, ähnlich wie ein Stein, der ins Wasser fällt, immer weitere Kreiswellen anregt. In diesem Wellenmuster macht sich der Stein kenntlich oder erfahrbar. Von großer Wichtigkeit beim Erlernen, mit erotischen Gefühlen umzugehen, ist außerdem die mentale und physische Reife der betreffenden Person, wie ich es bereits dargelegt habe. Zudem muss man als Mann erfahren und erkennen, dass man auch weibliche Eigenschaften besitzt, und als Frau, dass man auch männliche Eigenschaften besitzt. Jedes Individuum trägt beide Elemente in sich. Meistens zeigt sich das nicht so deutlich, doch während und nach den Wechseljahren, die für Frauen und Männer gleichermaßen gelten, wird das auch physisch immer sichtbarer. Gegenwärtig bietet man mit Tantra-Übungen Techniken an, wodurch diese erotischen Energieströme in einer anderen, die Liebe erfüllenden Art erfahrbar werden. Der richtige Gebrauch der Atmung spielt bei diesen Techniken eine bedeutende Rolle, weil ein gemeinschaftlicher Atemrhythmus helfen kann, diese Art subtiler Energieströme zu unterstützen.

Kurz zusammengefasst: Die innere Kraft hat mit vielen Aspekten und Quellen zu tun. Bei richtiger Beobachtung und Behandlung der eigenen Gefühle, Emotionen und Verletzlichkeiten können diese zu einer inneren Kraftquelle werden. Das „Bauchhirn" kann als weiser Ratgeber wirken, da Geschehnisse von ihm anders beobachtet und beurteilt werden als von unserem rationalen Kopf. Nur in einer stillen, aufrichtigen Begegnung mit sich selbst werden solche subtilen Qualitäten geformt und aktiviert. Das Hara als mentale und physische Stütze ermöglicht es, die Intuition zu verstärken und Gefühle des Mitempfindens und wesentlicher Anteilnahme aufzurufen. Durch Vertiefung und Ausdehnung des Atemrhythmus und aufmerksames Beobachten des Atems erhält das ganze System mehr Ruhe und Tiefgang; der Prāna, das Ch'i oder die Lebenskraft wird dann besser aufgenommen und optimal genutzt. Ein richtiger Umgang mit dem Eros führt zu Vitalität, Glücksgefühlen, die aus sich selbst heraus Erfüllung geben und nicht von anderen abhängig sind, und zu einer unbegrenzten Liebe zu Menschen, Tieren und zur Natur.

■

6

Eine neue Sicht auf Gesundheit

Wir verstehen jetzt, dass die Atmung ein wichtiges Werkzeug auf dem Weg zu innerer Kraft und Vitalität ist. Doch was bedeutet Gesundheit eigentlich? Es heißt, dass ein gesunder Geist in einem gesunden Körper wohnt, doch stimmt das wirklich? Der amerikanische Psychologe Abraham Maslow sagt, dass gesunde Menschen über eine Anzahl wichtiger Fähigkeiten verfügen. Ein gesunder Mensch besitzt nach Maslow ein stabiles Selbstwertgefühl und empfindet einen gewissen Stolz auf sich selbst. Man kann das auch Selbstrespekt nennen. Er freut sich an den Dingen, die er tut, und kann Kleinigkeiten genießen. Er ist sympathisch, empathisch und fühlt sich anderen verbunden. Er ist nicht engstirnig und hat Humor. Wenn man diese Beschreibung aus der Zen-Perspektive betrachtet, fällt auf, dass es hier ausschließlich um physisches und psychisches Wohlbefinden geht. In der Zen-Tradition findet man, dass mehr dazu gehört, um wirklich von Gesundheit sprechen zu können.

Zen und Gesundheit

Die Auffassung, dass es um mehr als nur körperliche und geistige Eigenschaften geht, und in welcher Art, kann ich am besten an Hand eines Kōans aus dem *Hekiganroku* erklären.

In einer Geschichte über den alten Meister Ba, der gerade ernsthaft erkrankt ist, wird Gesundheit aus der Zen-Perspektive betrachtet.

Der Abt des Tempels kam zu Meister Ba zu Besuch und fragte ihn, wie er sich an diesem Tag fühlte. Darauf antwortete Meister Ba mit den Worten: „Sonnengesichter des Buddha, Mondgesichter des Buddha."

Was er eigentlich sagte, war: „Manchmal fühle ich mich gut, manchmal auch nicht." Doch was soll man darunter verstehen? Aus den historischen Quellen zu dieser Geschichte wissen wir, dass das „sich mal gut, mal nicht so gut fühlen" in diesem Zusammenhang etwas schwach ausgedrückt ist. Meister Ba war so krank, dass man nicht sicher war, ob er den folgenden Tag noch erleben würde. Seine Doppelantwort bezog sich zwei Mal auf den Buddha. Einerseits sagt er, dass der Buddha (also er selbst) vielleicht noch lange leben wird, und andererseits, dass es auch eine Frage von wenigen Tagen sein könnte. Kurz: es kann sich in zwei Richtungen entwickeln. Aber wie ist die zugrundeliegende Bedeutung dieser Geschichte zu verstehen? Es ist wohl klar, dass es hier um ein Paradoxon geht, eine unlogische Position. Eigentlich geht es gar nicht um die Frage, ob Meister Ba sich gut oder nicht gut fühlt. Hinter diesen Worten versteckt sich eine andere Realität, eine Realität, die sich im gut oder nicht gut Fühlen erfassbar macht. Dort liegt der Grund für diese Geschichte, denn im Zen will man vor allem auf die zugrundeliegende Wirklichkeit hinweisen, um dadurch zu einer anderen Haltung zu Krankheit und Gesundheit zu kommen.

Das verneint nicht, dass Gesundheit, körperliche wie auch geistige, sehr wichtig für das Funktionieren und Wohlbefinden im Alltag ist. Der Körper benötigt einfach Aufmerksamkeit und Pflege. Die Frage ist aber: Wie bewusst geht man täglich mit seiner Gesundheit um und wie viel Aufmerksamkeit schenkt man ihr? Achtet man wirklich auf die Signale, die der Körper gibt? Geht man wirklich zu Bett, wenn der Körper signalisiert, dass er müde ist, oder arbeitet man noch ein paar Stunden weiter? Wie versorgt man täglich den Geist? Gibt man seinem Kopf ausreichend Ruhe, um die Dinge zu verarbeiten, die sich im Tagesverlauf ergeben haben? Oder nimmt man sich hierfür erst nachts Zeit, wenn man im Bett liegt und eigentlich schlafen sollte? Heutzutage liegt es im Trend, sich um Wellness und Fitness zu kümmern, und Sportstudios sind gut besucht. Theoretisch sollte es möglich sein, hier und da auch einen Moment der Stille im Tagesablauf einzuplanen, im Sinne von Hygiene für den Geist. Man kann sich darunter eine Art psychische Fitness-Übung vorstellen, bei der der Geist im Loslassen von Gedanken trainiert wird. Oder wollen Sie etwa lieber Schmerzmittel nehmen, falls Sie einmal von marternden und nicht zu stoppenden Gedanken Kopfschmerzen bekommen?

Der Strom im Hintergrund

Indem man sich von seinen Gedanken löst und den Kopf leer macht, kann Raum entstehen. Man entdeckt dann einen ganz neuen Bereich in sich selbst, einen Bereich, der hinter Worten und Gedanken liegt. Ich selbst beschreibe das am liebsten als ein Feld, in dem letztendlich bestimmt wird, ob man gesund oder krank ist. Eigentlich ist es nicht nur ein Feld, denn es ist genauso eine Kraft. Es ist eine Kraft, die einen nicht nur auf physischem Niveau heilt, sondern auch auf dem Niveau der Psyche und der Seele. Der Bereich in einem, in dem man in Kontakt dazu kommen kann, liegt immer hinter Worten und Gedanken.

In einem Artikel von George Burr Leonard las ich einmal, dass er diesen Sachverhalt einmal als ein „stilles Feld" erfahren hat. Er beschrieb es weiter als stillen Rhythmus, als Zusammenfluss von Formen und schwingenden Frequenzen. Dieser Beschreibung möchte ich lediglich hinzufügen, dass dieses

Feld einen mit allem und jedem im Universum verbindet. Wenn man es in sich selbst zulässt, wird es einen von innen heraus verändern und dadurch verändert sich auch die Umgebung. Es ist ein Rhythmus im Bewusstsein, zu dem man jedoch nur Zugang erhält, wenn die Gedanken zur Ruhe gekommen sind. Und eigentlich gibt es keine Worte, die dieses Feld beschreiben können; denn es liegt ja hinter den Worten wie eine unbenennbare strömende Bewegung, die einen mit dem Rest der Welt verbindet.

Doch wie kann man diesen Hintergrundstrom erreichen und bewusst erfahren? Um das zu erklären, betrachte ich als Vergleich häufig das Meer. Stellen Sie sich vor, es gäbe eine riesige Glasplatte mitten im Meer, so dass man wie bei einem Aquarium einen Querschnitt des Wassers sehen könnte: die obere Schicht, die immer in Bewegung ist, das mittlere Gebiet, das ein bisschen mitschaukelt, und darunter die stillen Tiefen. Über dem Wasser ist der Wind, der alles in Bewegung bringt und die Wellen hervorruft. In diesem Vergleich steht der Wind für unsere Gedanken, als Verursacher der wogenden Unruhe in unserem Gehirn. Durch die Unruhe an der Oberfläche wird die Tiefe des Meeres mit seinen Tiefenströmungen und den prächtigen Fischen, die dort schwimmen, vollständig der Sicht entzogen. Alles, was sich unter den Gedankenwellen befindet, bleibt für uns verborgen, da wir es nicht klar und deutlich wahrnehmen können. Wir können nur vage Vermutungen anstellen. Erst nachdem wir die Wellen unseres Denkens zur Ruhe bringen, können wir erfahren, was der Hintergrundstrom ist und welche Fische dort herumschwimmen. Unwillkürlich bekommt man dann die Neigung, den tieferen Strömen des Lebens zu folgen, vor allem wenn eine wichtige Entscheidung gefällt werden muss. Es kommt darauf an, diesen Hintergrundstrom immer deutlicher in der eigenen Gefühlswelt zu spüren, selbst wenn er einem häufig irrational und paradox erscheinen mag.

Tatsächlich gilt hier dasselbe Prinzip wie bei den Kōans: es geht um Wärme und Kälte, um Sonne und Regen. Solche Gegenüberstellungen gehören einfach zueinander. Auch beim Erleben von Krankheit oder von Vitalität und Gesundheit formen diese beiden Aspekte immer eine zweiseitige Einheit. Und dahinter beginnt für Zen eine umfassendere Auffassung von Gesundheit. Es ist die Wirklichkeit, die sich als Krank- oder Gesund-sein ausdrückt, als eine Art innerer Strom, den man hinter den Dingen erfährt, was in der Geschichte über den alten Meister Ba ausgedrückt wird. Gerade durch eine ernsthafte Erkrankung kann jemand zu tieferen Einsichten kommen. Sie kann der Ausschlag gebende Impuls sein, der bewirkt, dass ein Mensch beginnt, sein Leben auf ganz andere Art zu beurteilen und auszufüllen. Jemand, der mit einer Behinderung im Rollstuhl sitzt, ist ebenso vollkommen, wie der Athlet im Stadion. Es liegt an uns selbst, an unserer begrenzten Sicht der Wirklichkeit, dass wir etwas oder jemanden als unvollkommen ansehen. In der Unvollkommenheit drückt sich das Vollkommene aus.

Die bekannte mexikanische Künstlerin Frida Kahlo hat eindrucksvolle Bilder gemalt, die sie gerade durch ihre Krankheit und ihre heftigen körperlichen Schmerzen so ausdrucksstark und treffsicher auf die Leinwand bannen konnte. Krankheit und das damit verbundene Leid können einen äußerst tiefen Strom in der Seele wecken. Es kommt darauf an zu lernen, den Hintergrundstrom des Lebens, die andere Wirklichkeit, mit allen Schichten des eigenen Wesens zu erfahren. Auf der positiven Seite, die das Leben zu bieten hat, kann man diese subtile Energie erfahren, wenn man verliebt ist und nicht bei seiner Geliebten/seinem Geliebten sein kann. Im Buch *Zum tieferen Sinn von Religion* von Peter Lengsfeld fand ich ein Gedicht von Ken Wilber, das hier wunderbar anschließt:

Der unsichtbare Strom

Ein starker Strom göttlichen Lebens läuft durch uns hindurch.
Warm, durchsichtig, unsichtbar ist er.
Er trägt uns und führt uns sicher zum letzten Ziel.

Wir kennen weder seine genaue Richtung noch seine Ufer,
können das alles nur dunkel erahnen und fühlen
wenn wir uns mitten in diesem Strom befinden.

Oder wir bemerken, dass wir uns darin verirren.
Dann schrammen wir am Boden entlang, stoßen auf steinige Ufer.
Jetzt ist es wieder an der Zeit, die Mitte zu suchen,
und gerade nicht zum scheinbar rettenden Ufer zu flüchten.

Denn warm ist der Strom und klar und unsichtbar.
Was er wünscht, ist unser Vertrauen, unser Mitschwimmen
und niemals gegen ihn ankämpfen zu wollen.

Kein Name kann ihn treffend benennen.
Er ist kein Ich, kein Du, kein Wir
und doch in uns, um uns und überall.

Er ist ohne Probleme und Sorgen, ohne Wieso und Warum.
Es gibt nichts zu bedauern, nichts zu beklagen,
nichts zu bekämpfen und nichts zu befürchten;
es gibt auch nichts zu wünschen und zu begehren,
was jenseits wäre von dem, was gerade – ist.

Selbst Buddha und Christus und Gottes Namen
sind nur vorläufige Hinweisschilder,
an denen man nicht länger verweilen sollte
sobald sie ihren Nutzen erfüllt haben.

Auch der warme Golfstom weiß nicht, welche Richtung er hat,
welche Fische er mit sich führt, welches Wetter er auslöst.
Er ist: reine Anwesenheit – warm und klar und unsichtbar,
und gerade jetzt, in diesem Augenblick, ist er noch nicht
einmal – Strom.

Glück und Leid

Der Weg, den Zen weist, geht weiter als nur zum Glück-an-sich. Die Märchenwendung „und sie lebten glücklich bis an ihr Lebensende" hat auf dieser Ebene wenig zu melden. Worum es geht, ist ein Gefühl der Ganzheit, in dem beide, Glück und Leid, selbstverständlich akzeptiert und integriert werden, weil das eine das natürliche Gegengewicht des anderen ist. Das eine kann nämlich nicht ohne das andere bestehen, sie sind unlöslich miteinander verbunden. In seinem bekannten Büchlein *Der Prophet* nutzt Khalil Gibran die schöne Beschreibung: „Eure Freude ist euer Leid ohne Maske." Das Leid, das man fühlt, sagt er, kommt aus derselben Quelle wie die Freude. Das ist eigentlich auch logisch. Alles was man liebt, besitzt Schönheit durch diese Liebe, ebenso wie auch Leid aufgrund des unvermeidlichen Abschieds, denn irgendwann wird die an eine Person gebundene Liebe oder diese Person selbst gegangen sein. Im Leben jedes Menschen wird es Zeiten geben, wo er diese Zweiseitigkeit erfährt. Häufig geht es um Dinge, die man selbst nicht in Worten ausdrücken kann, da die Erfahrung zu ergreifend ist oder sich auf dem Gebiet des Irrationalen abspielt. Aber wenn man dann zufällig die Worte Khalil Gibrans entdeckt, erkennt man die eigene Erfahrung wieder.

Die Erhaltung der Lebensenergie

In seinem unaufhörlichen Streben nach letzter Erleuchtung wurde Meister Hakuin von einem Leiden geplagt, das er die „Zen-Krankheit" nannte. In seiner Autobiographie *Wilder Efeu* erklärt er, dass diese Krankheit durch seine ergebene Meditationspraxis verursacht wurde. Das kann durchaus wahr sein, denn die Ausübung des Zen bringt einen seelischen Reinigungsprozess in Gang. Angesichts dessen, dass die Wirkungen auf Seele, Psyche oder Körper eng miteinander verbunden sind, kann so ein Prozess alle Dimensionen beeinflussen. In Hakuins Fall ging es um ernste Krankheitserscheinungen, die ihn so sehr schwächten, dass er seine Zen-Praxis nicht fortsetzen konnte.

Schließlich riet ihm jemand, den Einsiedler Hakuyu zu besuchen, von dem man sagte, er sei 370 Jahre alt. Hakuyu, der sich in eine Grotte auf einer abgelegenen Anhöhe zurückgezogen hatte, gab ihm eine Anzahl wichtiger Hinweise, wodurch Hakuins Gesundheit langsam aber sicher zurückkehrte. Später verstand er, dass seine Zen-Krankheit durch eine ungünstige Strömung seiner Lebensenergie verursacht war, weil er die beiden Lebensaspekte – das Aktive und das Meditative – nicht im Gleichgewicht gehalten hatte. Durch die strenge Askese, die er sich selbst auferlegt hatte sowie den Mangel an Nahrung und Schlaf, begann das Feuer in seinem Herzen (seine Lebensenergie) nach oben zu strömen, entgegen der natürlichen Richtung. Dank der Ratschläge von Meister Hakuyu gelang es Hakuin, den Energiestrom umzukehren und ihn wieder in seinen Unterkörper strömen zu lassen, und bald spürte er, dass Gesundheit und Vitalität in seinen Körper und Geist zurückkehrten.

Ein kühler Kopf und warme Füße

Die Geschichte von Hakuin beinhaltet eine klare Richtlinie, denn die Kunst, das Leben aufrecht zu erhalten, besteht darin, den oberen Teil des Körpers immer kühl zu halten und den unteren warm. So wird ein langes Leben gefördert. Es bewirkt, dass die ursprüngliche Energie immer den Unterkörper füllt. In *Wilder Efeu* nennt Hakuin diesen Körperbereich „Elixierfeld" oder „Meer der Lebensenergie". Der Bereich, wo sich diese Lebensenergie sammelt, liegt an der Körpervorderseite etwas unterhalb des Bauchnabels, im Gebiet des Hara, und an der Körperrückseite im unteren Rücken. Von dort läuft der Bereich nach unten, entlang der Beine in die Füße bis in die Zehen. Die Zehen kann man als Wurzeln unseres Daseins betrachten. Wie Jef Boeckmans gerne sagt, sind wir als Menschen eigentlich mit den Bäumen verwandt. Wir sind sozusagen wandelnde Bäume. Unsere Beine und Füße bilden die Wurzeln, unser Rumpf ist der Stamm unseres Lebensbaums, und unsere Arme, Hände und Finger sind seine Äste und Zweige. Unser Kopf bildet die Krone, was sich auch im Sprachgebrauch widerspiegelt, da wir von „Baumkronen" sprechen. Stärker noch: in unserem Stamm, dem Bereich des Hara, liegt ein sich windendes Netzwerk von Wurzeln, nämlich unser Darm, der dafür sorgt, dass der ganze Körper genährt wird. Unsere Beine, Füße, und Zehen könnte man als Verlängerung dieses Wurzelwerks sehen, das eine feste Basis gibt und energiereiche Nahrung aus dem Boden aufnimmt. Die Lebensenergie holt man also durch Zehen und Fußsohlen, so wie die Baumwurzeln ihre Nahrung aus dem Boden holen. Das gilt auch für uns, wenn wir lernen, von unseren Fußsohlen her zu atmen, und wenn wir lernen, uns selbst aus dem Unterkörper mit Vitalenergie, also mit Lebensenergie zu nähren.

Abb. 8: Die Verwandtschaft des Menschen mit dem Baum

Wie gesagt reicht die Ausübung des Zen über die körperliche Gesundheit hinaus. Die Versorgung des Körpers mit guter Nahrung ist wie eine Versorgung des eigenen Tempels. Man hat nur einen Körper und kann ihn nicht auf der Hälfte des Lebenswegs auswechseln, wie eine verschlissene Jacke oder Hose. Die Aufrechterhaltung und Aktivierung der Lebensenergie kommt aus der Quelle, die im Hara und unterhalb bis zu den Fußsolen verborgen liegt. Eingangs sagte ich, dass ich viele Menschen durch das Leben gehen sehe wie Köpfe auf Stelzen. Den Kopf immer voller Gedanken, Pläne und Strategien, sich auf hohen Stelzen abmühend, um nur ja nicht mit den Füßen im lästigen Sumpf der Emotionen und Gefühle zu stecken. Doch für unsere Vitalität ist es wichtig, mehr dem anderen Bild zu gleichen: wie ein Bauch mit Wurzeln zu leben. Dann können wir unsere Gefühle und Emotionen endlich verarbeiten und zu einem intuitiven Bauchgefühl kommen. Aus dem Bauch heraus zu handeln, ist meiner Ansicht nach ein Vorgehen in Weisheit, mit einem Kopf, der leer und entlastet ist, wodurch Raum für spontane Einfälle und kreative Lösungen entsteht.

Auch Su Tung-p'o (1036–1101) wird in Hakuins Autobiographie zitiert, ein bekannter Zen-Praktizierender, der sich auf die taoistische Heilkunst spezialisiert hatte. Sein wichtigstes Motto für ein gesundes Leben war: „Wenn du Hunger hast, iss etwas, doch höre mit dem Essen auf, bevor du voll bist." Weiter riet er, lange und entspannende Wanderungen zu machen, intensive Atemübungen durchzuführen und die Atemzüge zu zählen. Nach Su Tung-p'o bewirkt die Befolgung dieser Ratschläge ein langes Leben. Das Training, das er empfahl, umfasst lang dauernde Meditationen, die Stunden oder selbst Tage dauern, wobei der Körper „so fest und still wie ein Berg sein soll und das Herz so ruhig und unbeweglich wie der leere Himmel". Wenn man mit seinem ganzen Wesen völlig aufgeht in dieser Übung, sagte er, wird der Atem sich „wie Wolken abscheiden und als Nebel aus den Hautporen aufsteigen". Mit großer Klarheit wird man erkennen, dass alle Krankheiten und Qualen, an denen man je gelitten hat, spontan verschwunden sind. „Du wirst wie ein Blinder sein, der sein Sehvermögen zurück erlangt und andere nicht länger bitten muss, ihm den Weg zu weisen."

Was hier beschrieben wird, ist ein tiefer Erleuchtungszustand, den jeder von uns durch das Befolgen der genannten Ratschläge erfahren kann. Doch der Weg dahin ist keine Frage von ein paar Wochen oder Monaten, er verlangt ein intensives Training über viele Jahre. Dabei möchte ich noch anmerken, dass mehr nötig ist, als das bloße Befolgen dieser Richtlinien. Es geht nämlich auch um einen geistigen Reinigungsprozess und der nimmt oft Jahrzehnte in Beschlag. Erst danach ist man soweit, dass solche Erscheinungen möglich werden. Doch stets gilt, dass man derartige Erfahrungen nicht aus eigener Initiative durchsetzen kann, man kann sie nur geschehen lassen, denn sie liegen außerhalb des Gebiets des eigenen Willens.

Eine andere Sichtweise

Rückblickend können wir feststellen, dass die Zen-Praxis zu einer grundlegend neuen Sicht von Gesundheit führen kann, die auch das Leid als natürliches Gegengewicht zum Glück berücksichtigt. Indem man Zeiten der Stille und Reflexion in seinen Tagesablauf einbaut, berührt man das stille Gebiet hinter Worten und Gedanken, wo auch der unsichtbare Strom läuft, der uns mit allem und jedem verbindet. Eine ernsthafte Erkrankung kann zu tiefen Einsichten und einer anderen Lebensausrichtung führen, und kann in dieser Hinsicht auch eine heilsame Wirkung haben. Wenn wir erkennen, dass sich die wesentliche Quelle der Vitalität im Unterkörper befindet, können wir unsere Gesundheit aus dieser neuen Sichtweise heraus aufbauen. Wenn wir den Kopf kühl bewahren, in dem wir ihn von übermäßiger Denkarbeit entlasten, und wenn wir die Füße warm halten, indem wir den Unterkörper mit Aufmerksamkeit und Atem nähren, können wir dafür sorgen, dass das Aktive und das Meditative ins Gleichgewicht gelangen. Dann entwickeln wir uns in Richtung einer ausgeglichenen und dauerhaften Gesundheit, die unser ganzes Wesen umfassen kann.

■

7

Leben und Arbeiten aus einer neuen Perspektive

Nach meiner Behandlung der Bewusstseinsschichten, der Gesundheit und der inneren Kraft möchte ich zeigen, dass es noch weitere wichtige Themen gibt. Um den Schritt von der theoretischen Zen-Erkenntnis zur deren Anwendung im Alltag machen zu können, muss man auch aus einer neuen Perspektive heraus leben und arbeiten. Damit möchte ich die häufig etwas abstrakten Zen-Begriffe in einen praktischen gesellschaftlichen Kontext stellen. Denn die Zen-Praxis dient dazu, die erlangten Erkenntnisse über sich selbst und andere tatsächlich im Alltagsleben zu nutzen. Dadurch betrachtet man allmählich Faktoren wie Zeitdruck und Stress, effizientes Handelns und innerer Ruhe mit einem neuem Blick. Viele Frustrationen, mit denen Menschen kämpfen, hängen mit der hektischen Art unseres Zusammenlebens zusammen. Und gerade in diesem Punkt ist die Zen-Unterweisung klar, verständlich und äußerst praktisch.

Zeitmanagement und der Umgang mit Stress

Der Aufschrei, den wir in unserer Gesellschaft vielleicht am häufigsten hören, ist, „ich habe soo viel zu tun". Es scheint, dass gegenwärtig alle Menschen zu wenig Zeit haben. Häufig haben wir das Gefühl, dass wir gelebt werden, statt selbst die Fäden in der Hand zu haben. Wir lassen uns willig von der Hektik des Lebens mitreißen und kommen damit regelmäßig an unsere geistigen Grenzen. In der heutigen Gesellschaft haben wir wahrlich ständig mit Zeitdruck zu tun. Unsere westliche Kultur ist so auf Resultate ausgerichtet, dass viele Menschen nur noch Dinge tun, um irgendetwas anderes zu erreichen. Wir werden gelebt und inzwischen vergessen wir, „wirklich" zu leben. Wir erleben uns selbst vor allem als Produktionsmaschine, die ständig laufen muss. Das „Müssen" hat den Platz des „Wollens" eingenommen. Wir haben völlig vergessen, dass wir jeden Moment wählen können, und dass wir entscheiden dürfen, ob wir bei der Hektik, die uns auferlegt zu sein scheint, mitmachen oder nicht. Wir erinnern uns kaum noch daran, wie angenehm Ruhe und Stille sein können und wie stark sie unser Wohlgefühl beeinflussen. Unsere Erfahrung der Zeit ist ein eingeschliffenes Denkmuster. Dieses Denkmuster ist allerdings von essenzieller Wichtigkeit für unsere Gesundheit, unsere Vitalität und unser Wohlbefinden. Darum kann es nützlich sein, die Zeit als Begriff und Gedankengebilde näher zu untersuchen.

Der Zeitbegriff

Durch die Art, in der sich westliche Gesellschaften entwickelt haben, haben wir gelernt, die Zeit vor allem als etwas Quantitatives zu betrachten. Unsere Fragen lauten: wie lange dauert diese Besprechung, wann passierte das Ereignis, wie lange ist das her? In seinem Buch *TAO-Management* beschreibt Manfred Jahrmarkt, dass diese quantitative Zeitauffassung von den Griechen *Chronos* genannt wurde. Daneben hatten die Griechen eine weitere Auffassung der Zeit, in der vor allem der qualitative Aspekt ein Rolle spielte. Diesen zweite Zeitaspekt nannten die Griechen *Kairos*. Diese qualitative Beschaffenheit wurde ausschließlich gebraucht, um einen günstigen Zeitpunkt anzugeben. Sie ist also mit unseren Ausdrücken „kommt Zeit, kommt Rat" und „alles zu seiner Zeit" vergleichbar. Dieser qualitative Zeitbegriff ist schwer zu messen und zu konkretisieren, denn es geht dabei immer um persönliches und subjektives Erleben. In diesem Zusammenhang spielt das Gefühl, dass es verschiedene Zeitströme gibt, eine große Rolle.

Alles in allem scheint es nur wenige Menschen zu geben, die mit der Zeit als solcher gut zurecht kommen und die wissen, wie man ihre quantitativen und qualitativen Aspekte beachtet. Neben dem geradlinigen Zeitverlauf, den wir normalerweise erleben, gibt es vor allem noch einen Zeitrhythmus. Dieser verhält sich nicht immer so logisch und verläuft selten linear. Es ist eine Art Hintergrundstrom, der gleichzeitig quer durch den brausenden, tobenden Strom der rationalen Zeit hindurch läuft. In der Redewendung „kommt Zeit, kommt Rat" wird besonderer Nachdruck auf den qualitativen Zeitaspekt gelegt. Gute Gedanken und Entscheidungen benötigen oft auch etwas Zeit, um sich zu formen, eine gewisse Reifezeit. Das Problem ist nur, dass sich die meisten von uns kaum der gefühlsmäßigen Zeit bewusst sind, die sich im Hintergrundstrom bewegt. Mehr noch, meistens erlauben wir uns noch nicht einmal Raum für so eine Reifezeit. Dadurch werden Entscheidungen häufig forciert und übers Knie gebrochen und bringen uns im Nachhinein das Gegenteil von dem, was beabsichtigt war. Kreativität und Spontaneität können sich nur in der qualitativen Dimension der Zeit entwickeln. Sie gelingen nur mit einem Zeitbegriff, der sich öffnet und auf diese Art etwas zulassen kann, was vorher noch nicht war. Wenn man darauf achtet, weisen bestimmte Erfahrungen einen plötzlich auf die relative Natur der Zeit hin. Eine viertel Stunde auf einen verspäteten Zug zu warten, kann endlos scheinen, während ein Abend mit einem geliebten Menschen im Nu vorbei ist.

Das rechte Zeitempfinden scheint auch entscheidend zu sein für Menschen, die besonders produktiv sind. Häufig haben sie ein Gefühl für Ausgeglichenheit, wodurch sie präzise wissen, zu welchem Moment sie sich ein bisschen zurückziehen müssen, um die richtige Verteilung von Aktivität und Ruhe zu finden. Es ist wichtig, regelmäßig etwas Abstand zu nehmen, da man dann schärfer wahrnehmen kann und ein klareres Urteilsvermögen findet. Eine Methode, wie das in unserer gegenwärtigen Welt erreicht werden kann, ist, in die Tagesplanung eine Anzahl festgelegter Reflexionsmomente aufzunehmen, um sich dann kurz innerlich zu beruhigen und in Stille zu sitzen. Wenn es einem gelingt, etwas Abstand zwischen sich selbst und der Arbeit zu schaffen und eine entspannte Haltung in dem so geschaffenen Raum einzunehmen, dann lädt man sozusagen Kreativität ein. Es scheint widersinnig, doch je weniger man auf das Ergebnis fixiert ist, desto mehr entsteht eine dem Prozess eigene Dynamik. Das Überraschende ist, dass die Resultate dann häufig viel besser sind, als wenn man sich mittels einer Art Denkverengung dorthin zwingt. In Hinblick auf die eigene Arbeit ist es zwar schwierig, sich vom erwünschten Ergebnis zu lösen, aber es ist doch wichtig, die Fixierung darauf los zu lassen und einfach den Prozess an sich zu genießen oder zum Beispiel die Zusammenarbeit mit den Kollegen. Seine Arbeit zu genießen und freudig mit Anderen zusammen zu arbeiten, scheint außerordentlich wichtig zu sein, um Erfolg und phantastische Ergebnisse zu erreichen. Indem man sich zu schnell und zu stark auf ein Ziel richtet, landet man in einer Art Denktunnel, der das Bewusstsein verengt, wodurch man oft essenzielle Dinge übersieht, die man sonst wahrscheinlich bemerkt hätte. Was dabei fehlt, ist die umfassende Sicht des „im gegenwärtigen Moment Seins", der Prozess des vollständig den einen Schritt Gehens, des den einen Teller Abwaschens. In der Zen-Praxis drückt man das gerne mit den Worten aus, „es geht um den Weg und nicht um das Ziel". In gewisser Hinsicht liegt der fruchtbarste Punkt nicht nur im wachsamen Handeln, sondern auch im aufmerksamen Loslassen und im rechten Gleichgewicht zwischen Aktivität und Ruhe. Der fruchtbare Punkt liegt in der Aufmerksamkeit für den jetzigen Moment, den Moment, in dem man mittendrin ist.

Die Wichtigkeit des gegenwärtigen Moments

Im Zen ist das Jetzt zentral. Vollständig im jetzigen Moment aufzugehen, gibt einem die Möglichkeit, die Ewigkeit des Augenblicks zu erfahren. Man fällt dann sozusagen in ein Zeitvakuum, in dem die Zeitgrenzen fortfallen und man von innen heraus ein ewiges Sein erfahren kann. Die Zeit ist nicht mehr als ein Gedankengebilde, das wir als Menschen heraufbeschwören. Worauf es ankommt, ist, sich völlig verlieren zu können in diesen einzigartigen Augenblick. Flieh ins Jetzt, gib dich diesem Moment vollständig hin mit deinem ganzen Wesen und stirb. Denn darin liegt die Öffnung, das torlose Tor zum unbegrenzten Wahrnehmen und Erfahren, das sich auf einem anderen Bewusstseinsniveau vollzieht. Normalerweise gelingt uns das ziemlich gut bei Dingen, die wir gerne tun, wie Skifahren unter strahlend blauem Himmel oder fröhlich in einem Boot auf dem Wasser Schaukeln, in der warmen Sonne und einer frischen Brise, die die Haut streichelt. Bei unseren Alltagsarbeiten liegt das oft weniger auf der Hand. Meistens lassen wir uns vereinnahmen durch die vielen Dinge, die auf uns zukommen. Einen Großteil unserer täglichen Aufgaben verrichten wir mechanisch, ohne richtig darauf zu achten, denn die Gesellschaft verlangt nun einmal, dass wir uns beeilen. Während wir bei der Arbeit sind, wird unser Kopf von allerlei Gedanken in Beschlag genommen, die nichts mit der momentanen Tätigkeit zu tun haben. Dann ist es nicht verwunderlich, dass man plötzlich etwas fallen lässt, dass man seinen Kaffee verschüttet oder bestimmte Dinge vergisst, die man für eine Arbeitsbesprechung benötigt.

Hingabe an den gegenwärtigen Moment und das Funktionieren in der täglichen Wirklichkeit scheinen einander regelrecht entgegengesetzt zu sein, und doch stimmt das nicht. Denn irgendwo in der Mitte treffen sie einander und ergänzen sich, und dort entdeckt man, dass es einen passenden Mittelweg gibt. Einen Weg, der einem die Freiheit und die innere Ruhe gibt, um die Aufmerksamkeit bei der Arbeit zu halten, die Dinge gut zu planen und Schritt für Schritt auszuführen. Man könnte es mit einem Schachspiel vergleichen, bei dem man sich eine Strategie ausdenken muss, um den Gegner zu schlagen. Im Denken formt sich allmählich ein Bild über die Art und Weise, wie man das erreichen könnte. Knifflig ist leider, dass man nicht weiß, mit welchen Zügen der Gegner antworten wird. Man muss mehrere Möglichkeiten erwägen und im Kopf behalten. Gleichzeitig muss man stets bereit sein, sie wieder fallen zu lassen, um flexibel zu reagieren, wenn der Spielgegner mit einem völlig unerwarteten Zug die ganze Strategie durcheinander bringt. Die Kunst des Lebens verlangt eine vergleichbare Haltung, so dass man aus der inneren Ruhe heraus einen Weg planen kann, selbst in einer Umgebung unruhiger Bewegung, und gleichzeitig bereit ist, davon abzuweichen, wenn es die Situation verlangt. Das kann man lernen, indem man eine Haltung entwickelt, die aktiv ist und gleichzeitig eine wache Ruhe wahrt. Ständig wartend auf den rechten Moment, um zu handeln. Und das führt uns nun zum bereits erwähnten Prinzip des Wu-Wei.

Wu-Wei und effizientes Handeln

Dieses Prinzip stammt ursprünglich aus dem chinesischen Taoismus. Seine wörtliche Bedeutung ist „Nicht tun", doch innerhalb der Tradition wird es häufig beschrieben als „Handeln, ohne zu handeln". Damit ist nicht eine Haltung gemeint, die rein auf Passivität beruht, sondern eine Haltung, in der man ohne Nebengedanken oder unterschwellige Absichten handelt. Was ein Taoist unter „Handeln, ohne zu handeln" versteht, ist die Kunst, nicht in den natürlichen Lauf der Dinge einzugreifen und dabei zu spüren, dass alles einen passenden Zeitpunkt hat. Wu-Wei bedeutet essenziell – als deutlichstes Kennzeichen taoistischer Lebenshaltung – eine Art und Weise des Handelns, die frei von Begierde oder persönlichem Willen ist. Im allseits bekannten *Tao Te King* sagt Laotse dazu: „Der Weise tut nicht, doch bleibt nichts ungetan." Damit ist gemeint, dass man ein Gespür bekommt für den natürlichen Lauf der Dinge, ohne eingreifen zu wollen. Das Prinzip des Wu-Wei wird vielleicht am deutlichsten in einem Vergleich, den ich aus *TAO-Management* von Manfred Jahrmarkt entlehnt habe: der Vergleich einer Eiche mit einem Schilfrohr, die beide mit einer dicken Schneeschicht bedeckt sind. Der Ast der Eiche ist starr und bricht unter der Last, während das Schilfrohr unter dem Gewicht nachgibt, wodurch der Schnee abgleitet. Dabei ist zu bedenken, dass Schilfrohrstengel nicht etwa weich sind, aber äußerst federnd. Im Wu-Wei geht es also primär um den Aspekt der Federkraft, um die Fähigkeit, sich zu beugen ohne zu brechen und danach zurück zu seiner alten Position zu kommen, mit den Wurzeln fest im Boden. Es ist ein Prozess von Stillhalten und Abtasten. Während des Entwickelns dieser Haltung wird die Wahrnehmung schärfer. Nur spontane Maßnahmen, die sich wie selbstverständlich aus dem Charakter der Situation ergeben, werden als sinnvoll erachtet. Es geht vor allem um das Erkennen des richtigen Augenblicks, wobei nicht der eigene Wille der entscheidende Faktor ist, nicht das kleine Ich, das die Dinge möglicherweise forciert, sondern etwas anderes.

Auch die alten Zen-Meister folgten dem Prinzip des Wu-Wei. Sie wurden nicht mehr durch ihr Ich behindert, das ständig alles Mögliche will und sich ausdenkt, und so konnten sie spontan aus dem Moment heraus handeln. Das brachte für ihre Schüler die nötigen Überraschungen, denn diese lebten noch in der Phase des Nachdenkens über Handlungen. Die Kunst, die die Zen-Meister beherrschten, war, dass sie eine stille Haltung konstanter Wachsamkeit praktizierten, um dann präzise im richtigen Moment zu handeln. Dieser richtige Moment sprudelte spontan aus der Situation hervor.

In unserer täglichen Kommunikation mit anderen kann das Prinzip des Wu-Wei hervorragend angewandt werden. Auch hier gilt der entscheidende Faktor, dass es nicht nach dem eigenen Willen geht. Demnach lässt man ein Gespräch selbst entscheiden, wie es verläuft, und ob eine Öffnung entsteht oder nicht, um bestimmte Dinge anzugehen. Häufig ist es gut, Dinge etwas ruhen zu lassen und die passende Gelegenheit abzuwarten, um sie anzusprechen. Natürlich sind Zeit und Geduld nötig, um diese Kommunikationsform zu üben. Doch an sich geht es vor allem um die Intention, das Streben danach, und nicht so sehr um das Erreichen eines Stadiums, in dem man alles überblickt. So ein Entwicklungsprozess führt letztendlich zu einer auf Einsicht aufbauenden Arbeitshaltung mit einem Gespür für die Teile des Ganzen, wobei nur ein Minimum an Energie gebraucht wird. Die verfügbare Energie wird optimal für die rechten Ziele eingesetzt. Durch Handeln auf rechte Weise kann man mit weniger Anspannung deutlich effizientere Resultate erreichen.

Die Praxis des Wu-Wei wird auch zu einer Erweiterung des Wahrnehmungsvermögens führen. Versuchen Sie sich einmal klar zu machen, wie viel Sie an einem beliebigen Tag von den

Dingen, die Sie tun, wirklich wahrnehmen. Wie häufig passiert es, dass Sie beim Aufstehen dem Sonnenaufgang Ihre Aufmerksamkeit schenken, dass Sie seine Farben aufnehmen und den Geruch der frischen Luft im Freien genießen? Dringt es eigentlich noch zu uns durch, wie wenig Empfinden wir für die Umgebung und für uns selbst haben? Derartige Fragen, die äußerst wichtig für die Qualität unseres Lebens sind, möchte ich an Hand eines Kōans aus dem *Mumonkan* besprechen.

Das Kōan berichtet von einer Gelegenheit, bei der Buddha Shākyamuni eine Schar Mönche unterwies und wortlos eine Blume hoch hielt. Die Mönche schauten die Blume verständnislos an und wussten nichts zu sagen, nur Kāshyapa lächelte. Als Buddha ihn lächeln sah, übergab er ihm das kostbare Licht des Dharma und nannte ihn fortan Mahākāshyapa, den großen Kāshyapa. Was passierte war, dass Buddha Shākyamuni, der große Lehrmeister, mit dem Hochhalten dieser einen Blume den Erleuchtungsgrad seiner Schüler testete. Er wollte wissen, ob sie die Wirklichkeit im eigenen Innern erfahren hatten. Alle Mönche schwiegen, nur Kāshyapa lächelte. Es geht hier einerseits um die verschiedenen Niveaus und Dimensionen des Wahrnehmens und andererseits um das Übertragen des Dharma, der Lehre der Wirklichkeit, die in Worten nicht einzufangen ist. In der Zen-Lehre heißt es, dass die Erfahrung der Wirklichkeit, der eigenen wahren Wesensart, nicht übertragen werden kann. Trotzdem ist es hilfreich, innere Erfahrungen unter Leitung eines Zen-Meisters zu vertiefen. Aufgrund des Lächelns wusste Buddha Shākyamuni, dass Kāshyapa mehr wahrnahm als seine anderen Schüler. Er erkannte, dass Kāshyapa erfuhr, wie die gesamte Wirklichkeit in dieser einen Blume enthalten war, und es durch sein Lächeln zeigte. Es ist sozusagen ein Geheimnis, das hinter dem äußeren Leben versteckt liegt, aber durch alles hindurch strahlt. Derjenige, der es erfährt, sagt nichts, handelt aber entsprechend. Und das erkennt der Meister.

Die Wirklichkeit als Energiefeld

Bestimmte Ergebnisse aus wissenschaftlichen Untersuchungen verstärken für mich den Eindruck, dass wir als Menschen weniger Materie als vielmehr eine Form geronnenen Geistes sind. Wenn wir im Wesen vor allem Geist sind, sollten wir uns auch als ein Energiefeld ansehen können. Seit Jahren ist bekannt, dass der menschliche Körper zu mehr als 70 Prozent aus Wasser besteht, und dass Wasser ein leitender Stoff mit besonders großem Anpassungsvermögen ist. Der japanische Arzt Masaru Emoto kam auf den Gedanken, verschiedenen Gläsern mit Wasser spezifische Musikstücke vorzuspielen. Das erscheint natürlich etwas merkwürdig, weil Wasser keine Ohren hat, doch die Resultate dieser Experimente waren verblüffend, jedenfalls nach seiner Beschreibung in *Messages from Water*. Als er nach einer Anzahl vorgespielter Konzerte beschloss, die verschiedenen Wasserproben einzufrieren, zeigte das Wasser, das klassischer Musik ausgesetzt gewesen war, eine andere Kristallstruktur als das Wasser, das Jazzmusik ausgesetzt worden war. Ein anderes Beispiel der Anpassungsfähigkeit des Wassers ist alltäglicher, nämlich wenn man Teeblätter in heißes Wasser gibt. Am Besten in einem Glasbecher, dann kann man den Effekt gut sehen. Schon bald hat das Wasser die Farbe und das Aroma der Teeblätter in sich aufgenommen und dann ist es zu Tee geworden. Das Wasser ist nicht mehr vom Tee zu unterscheiden.

Wenn wir uns die Tatsache bewusst machen würden, dass unser Körper zum größten Teil aus Wasser besteht, würden wir uns vielleicht eher als ein durchsichtiges Ganzes oder als Energiefeld erleben. Ein wichtiges Kennzeichen von Energiefeldern ist, dass sie sich durch andere Energiefelder beeinflussen lassen. Das kann auch erklären, warum es sinnvoll ist, sich bei einem Meister in Stille, Aufmerksamkeit und Wahrnehmung zu üben, denn das Feld das Meisters kann unser eigenes Energie-

oder Wahrnehmungsfeld stärken und unterstützen. Wenn wir aufgrund des Gedankens, dass wir transparent sind, zum Thema Wahrnehmung zurückkehren, können wir uns von Neuem fragen, was es nun eigentlich ist, das die Schüler von Buddha Shākyamuni nicht wahrgenommen haben.

Übertragen auf unsere eigene Existenz lautet die Frage: Wie steht es eigentlich mit unserer Wahrnehmung im Alltagsleben? Die Umgebung, in der wir leben, ist für unsere Wahrnehmung und unseren Gemütszustand von entscheidender Bedeutung. Eine chaotische Umgebung mit viel Lärm beeinflusst unseren Geist. Unter solchen Umständen sind wir für gewöhnlich nicht in der Lage, die Wirklichkeit bewusst und vollständig in uns aufzunehmen. Wollen wir unsere Wahrnehmung erweitern, dann ist es wichtig, das Tempo zurückzunehmen, beispielsweise durch langsames, aufmerksames Gehen, Sitzen in Stille und durch Nichttun. Aus Sicht der Außenwelt tut man dann nichts, doch im Innern passiert eine ganze Menge. Man atmet, das Blut wird durch den Körper gepumpt, Nahrung wird verdaut, Gedanken erscheinen im Kopf, man führt innere Gespräche mit sich oder anderen, Emotionen und Gefühle tauchen auf. Indem man die Stille wahrnimmt, merkt man, dass gerade dadurch der Wahrnehmungshorizont erweitert wird. Man bemerkt, dass die Sinnesorgane durch das Stillsein aufnahmebereiter und wachsamer werden. Es geht darum, mehr zu schmecken und zu erkennen, dass man nicht nur mit der Zunge schmeckt, sondern auch mit Nase und Augen. Auch Farben und Formen des Essens tragen zum Geschmackserleben bei. Es geht aber um noch mehr, als nur mit den Sinnesorganen zu schmecken, es geht um „das Sehen mit Hunderttausend Augen". Das sind die Worte der deutschen Mystikerin Hildegard von Bingen (1098–1179). Um ihre mystische Erfahrung der Wirklichkeit auszudrücken, zeichnete sie eine menschliche Gestalt, die ganz mit Augen gefüllt war.

Eine vergleichbare Erfahrung über die Sinnesorgane wird im Sūtra des Daio Kokushi angesprochen, das im 1. Kapitel behandelt wurde. Es geht um folgende Zeilen:

Es gibt eine Wirklichkeit, die vor Himmel und Erde steht.
Sie hat keine Form, geschweige denn einen Namen.
Augen können sie nicht sehen.
Lautlos ist sie, nicht wahrnehmbar für Ohren.

Die überraschende Wendung kommt etwas später im Text:

Nur dem klaren Auge ist sie wahrnehmbar.

Und dann erklärt Daio Kokushi in seinem Schlusssatz sogar:

Wenn ihr euch danach sehnt, die donnernde Stimme des Dharma zu hören,
gebt dann eure Worte auf, entleert euch von Gedanken,
dann kommt ihr soweit, das eine Sein zu erkennen.

Was hier angesprochen wird, ist eindeutig eine andere Form des Hörens und Sehens als die, die wir gewohnt sind. Es ist ein Hören mit etwas anderem als den physischen Ohren, ein Sehen mit etwas anderem als den physischen Augen. Es geht darum, mehr wahrzunehmen, und zwar mit dem ganzen Wesen. Das ist es, was Hildegard von Bingen mit ihrer Zeichnung ausdrücken will.

Man könnte das mit einer Situation vergleichen, in der man in einem Kirchturm dicht unter der Kirchturmuhr steht. Das Stundengeläut vibriert dann durch den ganzen Körper, es erfüllt den eigenen Körper, wie die Farbe und das Aroma des Tees sich mit dem Wasser vermengt haben und eins mit ihm geworden sind. Beim Hören des Stundengeläuts ist man selbst nur noch Wahrnehmung. Man ist nicht mehr der Aktive, sondern die Wahrnehmung bemächtigt sich unser. Die Grundwahrnehmung

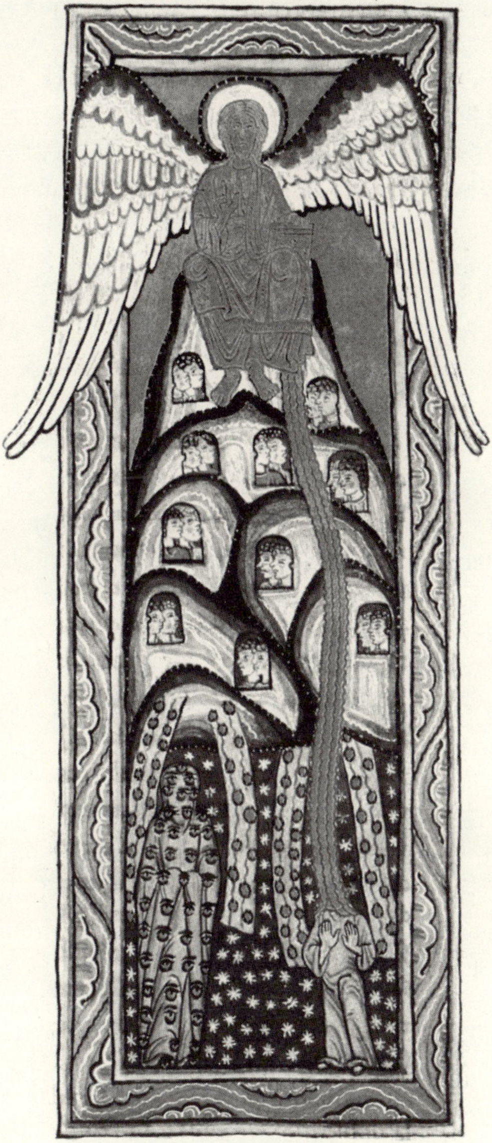

Abb. 9: Menschliche Gestalt, die ganz und gar mit Augen gefüllt ist
– Miniatur aus dem Buch Scivias von Hildegard von Bingen

umfasst alle Sinnesorgane, und die Erfahrung kommt aus einer anderen Dimension. Dieser Effekt kann nur auftreten, wenn die Gedanken endlich zur Ruhe gekommen sind und sich im Hintergrund halten wie die minimalen Wellen eines stillen Sees. In dieser Stille des eigenen Wesens kann sich die Wirklichkeit offenbaren. Jetzt schweigt der innere Kommentator, und die Aufmerksamkeit gleitet von allein nach unten, zum Zentrum unterhalb des Bauchnabels. Nun lebt man wirklich aus dem Bauch, aus dem Hara.

Haragei

Im letzten Kapitel wurde bereits deutlich, dass der Bauch und das Hara ein wichtiges Zentrum bilden, in dem Dinge in einem frühen Stadium angekündigt werden, bevor sie sich als Fakten zeigen. In seinem Buch *The Unspoken Way* führt Michihiro Matsumoto den Begriff *Haragei* ein. Die wörtliche Bedeutung dieses japanischen Wortes ist „Bauchkunst" oder die Kunst, das eigene Hara zu nutzen. Man betrachtet das Hara einerseits als das Zentrum unseres Körpers und andererseits als die eigentliche Quelle unserer Kraft und Vitalität.

Der Prozess von Haragei ist äußerst subtiler Art und vollzieht sich zum großen Teil auf unsichtbarem, unfühlbarem Gebiet. Er bildet gewissermaßen eine Verbindung zwischen der Innenwelt als dem Feld unserer inneren Kräfte und der Außenwelt. Im physischen Sinn geht es natürlich um das Gebiet, in dem unsere Nahrung verdaut wird. Aber auch die geistige Nahrung wird dort durch die Verarbeitung von Emotionen und Gefühlen verdaut. Deshalb haben viele Menschen keinen Hunger, wenn in ihnen heftige Emotionen aufsteigen. Dieser Körperbereich sorgt also für die Aufnahme nützlicher Nahrungsstoffe und gleichzeitig für die Ausscheidung unbrauchbarer und schädlicher Stoffe. Und dasselbe geschieht dort auch mit unseren positiven und negativen Emotionen und Gefühlen. Der Begriff Haragei weist auf die Schnittstelle, wo das innere „Sein", das durch Stille und reine Anwesenheit genährt wird, auf die äußere Welt stößt, die mit Impulsen Zugang zu uns sucht und unsere Gefühlsseiten anspricht. Die Begegnung und Vermischung dieser beiden Kraftfelder findet im Hara statt.

Haragei kann als Gärprozess dieser beiden Zutaten angesehen werden. Dadurch entsteht eine innere Haltung von Handeln und Nichthandeln, Abwarten und Ergreifen der rechten Gelegenheit im Umgang mit Anderen, die von einer höheren Stimmigkeit geprägt ist. Beim Entwickeln von Haragei geht es vor allem um eine bestimmte Art von Sein, wobei Verfeinerung und Ausbreitung der Wahrnehmung der Bauchgefühle stets an die passende Gelegenheit von Handeln und Loslassen gekoppelt sind. In dieser Hinsicht hat Haragei also eine bestimmte Übereinstimmung mit dem Prinzip des Wu-Wei. Haragei beinhaltet die Kunst, mit dem Hara aus der Mitte des eigenen Körpers als lenkende Kraft zu arbeiten und zu kommunizieren, nicht nur verbal, sondern vor allem non-verbal. Tatsächlich ist es eine bestimmte Lebenshaltung, aus der man handelt und in der das Hara die Begegnungsstätte bildet von Herz, Geist, Seele, Intuition, Gefühl und leerem Geist *(Mushin)*. Das japanische Wort Mushin bezeichnet die Abwesenheit konzeptuellen, rationalen Denkens – also einen Zustand, der eintritt, wenn der Kopf frei von Gedanken ist. Dieser leere Geist schafft Raum für Interaktionen, die von Herz zu Herz verlaufen *(Ishin-Denshin)*, ohne dass der Kopf eingreift. Somit ist der leere Geist ein fundamentaler Baustein des Haragei.

Eine richtige Anwendung von Haragei zeigt sich in Eigenschaften wie Wohlwollen, Mut, Einfühlungsvermögen, Sorgfalt, Integrität, Flexibilität und dem Gefühl der Verbundenheit mit allen lebenden Wesen ebenso wie mit der unbelebten Natur. Ein weiterer wichtiger Aspekt ist der Unterschied, dass unser rationaler Verstand immer wieder zum Standpunkt Ja-oder-Nein gelangt, während die Essenz des Lebens immer das Ja-und-Nein bezeugt. Das Hara ist das, was Kopf und Herz verbindet, deshalb lässt sich Hara auch nicht durch die Ratio definieren. Die Kunst des Haragei folgt einem Prozess jenseits der Logik. Aus dem Hara-Gefühl empfindet man manches anders, als es die Logik des Verstandes nahelegt. Das betrifft auch das wirkliche Erspüren der Denkweise und der emotionalen Vielschichtigkeit des Anderen als Resultat unserer Fähigkeit des Mitfühlens. Jemand, der mit seinem Hara in Kontakt steht, hört in Gesprächen vor allem auch „die andere Seite" von dem was gesagt wird. Diese Person lauscht dem, was nicht gesagt wird, was unter der Oberfläche, zwischen den Zeilen, mitspielt. Die rechte Ausübung des Haragei beinhaltet einen spezifischen Weg zur Selbstlosigkeit. Wer sich danach richtet, wird von etwas motiviert, das das Ego übersteigt, und seine Qualitäten werden sich im Lauf der Jahre, so wie bei gutem Wein, verbessern.

Gerichtete Aufmerksamkeit führt zu innerer Ruhe

Für die westliche Welt gilt jedenfalls, dass wir in einer Zeit des Überflusses leben. Das sieht man nicht nur an den Supermärkten mit ihrem enormen Angebot an Lebensmitteln, sondern auch an dem gigantischen Informationsstrom, der auf uns einströmt durch Medien, E-Mail, Internet sowie eine Vielzahl von Zeitungen und Zeitschriften. Was man auch sucht, es ist erhältlich in vielen Sorten, Maßen, Farben und Qualitäten. Erstaunlicherweise führt dieses Übermaß an Wahlmöglichkeiten nicht zu Befriedigung, sondern eher zu Verwirrung und Unzufriedenheit. Es scheint, dass all die Möglichkeiten es gerade schwieriger für uns machen statt einfacher. In der

Zen-Tradition gibt es ein Kōan, das sehr schön auf die Problematik des auswählen Wollens eingeht.

Ein Mönch richtete sich an Meister Joshu mit der Frage: „Es heißt, der höchste Weg sei nicht schwierig, wenn man das eine nicht vor dem anderen bevorzugt. Ist das kein Fallstrick für heutige Menschen?" – Joshu antwortete darauf: „Fünf Jahre lang habe ich auf diese Frage keine Antwort finden können."

Wählen zwischen dem, was besser oder schlechter ist, sagt diese Geschichte also, wird letztendlich nicht zum Höchsten führen. Wir sind so sehr darauf bedacht, das Beste haben zu wollen, dass wir uns selbst ständig im Weg stehen. Denn was ist das Allerbeste? Darin liegt ein Urteil, das auf vielfältigen verstandesmäßigen Abwägungen beruht, während es im Zen gerade um die spontane Handlung geht: Es wird dunkel und ich mache das Licht an, die Sonne kommt und ich mache das Licht wieder aus. Die Art und Weise des Wählens, die wir generell im Alltag zeigen, ist etwas ganz anderes als die, auf die die Zen-Tradition den Nachdruck legt. Unsere Wahlentscheidungen entspringen hauptsächlich unserem denkenden Kopf.

Unser Geist kommt nicht durch ein Übermaß an Möglichkeiten zur Ruhe, sondern nur durch Einfalt. Und Einfalt ist allein in Begrenzung zu finden, im Zufriedensein mit dem, was man hat, denn gut ist gut genug. Es ist kein Zufall, dass die Räume in Zen-Tempeln größtenteils leer sind, und es ist ebenso wenig zufällig, dass der Geist zur Ruhe kommt, wenn man über eine weite Fläche wie das Meer blickt. Der Überfluss an materiellen Objekten ist Ausdruck des Überflusses an Gedanken im Geist, was eher belastend als befriedigend ist. Wenn man den Geist tatsächlich zur Ruhe bringen möchte, ist es also wichtig, die Wahlmöglichkeiten deutlich einzuschränken. Indem man sich freiwillig eine Anzahl an Begrenzungen auferlegt, stellt man Spielregeln auf und schafft für sich eine spürbare innere Ruhe. „In der Beschränkung zeigt sich der Meister", wie man so schön auf deutsch sagt, und damit wird eine tiefe Wahrheit ausgedrückt.

Doch wenn man tatsächlich beschließt, sich als Meister der Beschränkung zu zeigen, wie geht man das an? Wohin muss man seine Aufmerksamkeit lenken im Meer von Angeboten und Werbebotschaften? Wo begrenzt man sich, wenn es um tägliche Dinge geht, um Zeitungen und Zeitschriften, die man liest, um soziale Verpflichtungen und Verlockungen, die von außen angeboten oder einem sogar aufgezwungen werden? Soll man jetzt immer Nein sagen zu allen Einladungen, oder wie ist damit umzugehen? Man kann doch nicht alles und jeden zur Seite schieben, um in der eigenen Lebens- und Arbeitsumgebung Ruhe zu schaffen?

Ein guter Ausgangspunkt könnte so aussehen, dass man erst einmal einige Beschränkungen eingeht, indem man bestimmte Möglichkeiten streicht und diese Entscheidung danach nicht mehr in Zweifel zieht. Dieser Entschluss muss eine Selbstverständlichkeit werden, so dass man unbeeindruckt vorbeigeht, wenn man den alten Möglichkeiten begegnet. Manches kann man recht einfach festlegen. Welche E-Mails sind sofort zu löschen, weil man sie doch nicht lesen will? Wie viele Stunden und für wen will man täglich telefonisch erreichbar sein? Es ist an sich nicht so wichtig, welche Fragen man sich stellt und wo man sich Grenzen setzt, es geht vor allem darum, dass etwas Raum in diesem Denkkopf entsteht, denn das ist die Voraussetzung, um zur Einfachheit zu gelangen. Durch Schaffen von Raum und Ordnung auf dem Schreibtisch wird auch geistiger Raum für spontane Einfälle und erneuernde Ideen entstehen. Wichtige Aspekte im Arbeitszimmer sind auch der Gebrauch von harmonischen Farben, natürlichen Materialien und richtigem Licht. Man muss sich dort wohl fühlen, schließlich taucht der eigene Geist den ganzen Tag in diese Sphäre ein. Es klingt vielleicht widersinnig, doch innere Freiheit wird aus freiwilliger Beschränkung der Möglichkeiten geboren.

Bei traditionellen Sesshins wird von einem erwartet, dass man den Meditationsplatz und die täglichen Arbeiten, die einem zugewiesen werden, ohne Kommentar akzeptiert. Das ist einfach dein Platz, dort, zu dieser Zeit. In Zen-Klöstern entsteht innere Freiheit gerade durch die strenge Ordnung und Disziplin, die dort herrschen. Die sich dort ergebenden Dilemmas kann man gut aufs Alltagsleben übertragen. Können Sie völlig akzeptieren, dass Sie in diesem Moment, in dieser Funktion, an Ihrem Arbeitsplatz und mit Ihren jetzigen Kollegen arbeiten müssen? Können Sie in diesem Spannungsfeld von Arbeitsdruck, Vorlieben, Betriebspolitik und Machtspielchen Ihren eigenen persönlichen Weg finden und ihm folgen? Das ist eine Kunst und Fähigkeit, die durch Dinge wie Wu-Wei, Haragei, den qualitativen Zeitbegriff und die Schärfung des Wahrnehmungsvermögens unterstützt werden kann.

Leben aus einer neuen Perspektive

Was ich hier unter Leben aus einer neuen Perspektive verstehe, ist, dass man durch die Nutzung eines anderen Zeitbegriffs lernt, sich selbst mehr aus der wahrnehmenden Rolle zu erfahren und erkennt, dass man im Wesentlichen durch drei Kräfte geformt wird, aus denen sich verschiedene Perspektiven oder Lebensrollen entwickeln. Die drei Kräfte könnte man beschreiben als den (Ich-)Spieler, den Gespielten und eine Art inneren Regisseur, der im Hintergrund in Form eines unsichtbaren Stroms spürbar ist. Eigentlich ist das Wort „Regisseur" nicht ganz passend, um zu beschreiben, was das Wesen dieser Kraft ausmacht. Der treibende innere Strom lenkt einen nämlich nicht nur in eine bestimmte Richtung oder hält einen gerade davon fern; dieser Strom bestimmt auch das Spiel, sobald ein Spieler das zulässt. Man könnte den Strom vielleicht besser als den zugrundeliegenden Geist bezeichnen oder, um es einmal mit einem christlichen Begriff auszudrücken, als Gottes Willen.

Die erneuernde Kraft dieser Perspektive kann sich entwickeln, sobald man bereit ist, den eigenen Willen loszulassen, weil man fühlt, dass der große Geiststrom dabei ist, die Leitung zu übernehmen. Je mehr man sich diesem Strom anvertrauen kann im Wissen, dass das Ich in diesem Bereich ohnmächtig ist, desto stärker öffnet sich ein anderes Kräftefeld. Und darin kann man sich immer klarer als den Gespielten erfahren, weil man fühlt, wie der große Geist führt. In so einer Situation scheinen alle Puzzleteilchen auf einmal ihren richtigen Platz zu finden. Man muss dafür nicht etwa mehr tun, sondern nur den eigenen Willen loslassen und die andere Wirkung zulassen. Wenn man die Kunst des Loslassens und der Hingabe miteinander verbindet, wird man immer mehr der Gespielte werden, wie eine Figur auf dem Schachbrett, und man wird es wagen, sich immer mehr dem großen Strom anzuvertrauen. Eine Situation, in der man das sehr gut fühlen kann, ist, wenn man 40 Grad Fieber hat. Auch wenn man es dann noch so gerne wollte, gelingt es einem nicht, aufzustehen. Das Fieber ist stärker als man selbst. Das Phänomen kann sich auch subtiler zeigen, zum Beispiel wenn man versucht, sich mit jemandem zu verabreden und ständig etwas dazwischen kommt. In so einem Moment kann man sich auch deutlich als Gespielten erfahren, als Spielball der Situation.

Indem man die Wirkung dieser drei Kräfte fühlt, die zum eigenen inneren Wesen gehören, beginnt eine seltsame Gewahrwerdung. Obwohl nun das kleine Ich das Heft nicht mehr in Händen hält, bemerkt man, dass man auf der sicheren Basis dieser Dreieinigkeit eine größere persönliche Freiheit erlebt. Das Schwierigste dabei ist zu lernen, wie man den persönlichen Willen und das Ego ein wenig hinter die Kulissen des Schauspiels zurücktreten lassen kann, wenn man merkt, dass der große Strom unerwartet die Richtung ändert. Je mehr man lernt, den Regisseur oder den großen Geiststrom zuzulassen und sich ihm anzuvertrauen, desto mehr entsteht nicht nur

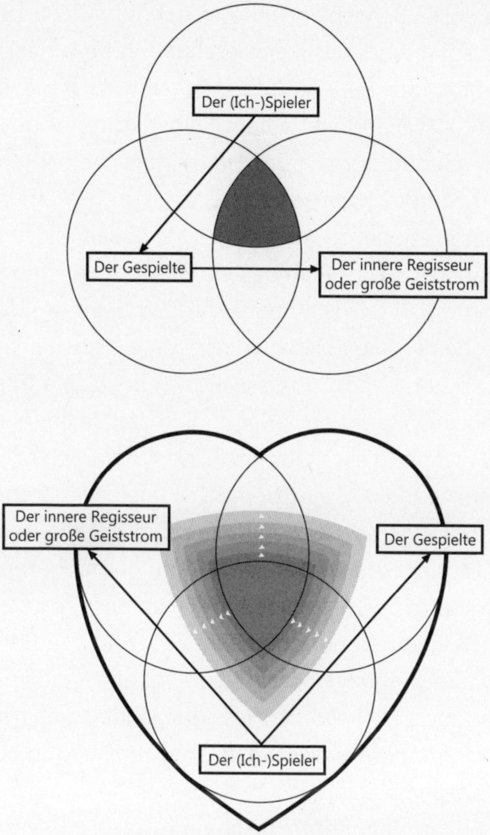

Abb. 10:
Modell 1: Das Dreikräftefeld
Modell 2: Das pulsierend sich ausdehnende Herz des Dreikräftefelds

persönliche Freiheit, sondern auch Unabhängigkeit und vor allem intensives Vertrauen. Man entdeckt, dass man niemals aus der Wirklichkeit heraus fallen kann. Man ist immer in Sicherheit.

Diese drei Aspekte sind eng verbunden mit der Anwendung des Haragei. Im Hara treffen Herz, Geist und Seele zusammen. Der Begriff *Mushin*, leerer Geist, bezieht sich auf einen speziellen Bereich. Johannes vom Kreuz (1524–1591), der bekannte spanische Mystiker, beschrieb ihn mit den Worten „alles Wissen übersteigend". Was gemeint ist, ist die Weisheit des Nicht-Wissens, die aus dem Selbst kommt und sich im Hara sammelt. Im Bereich des Hara findet die echte Begegnung statt, in der all diese subtilen Aspekte zusammenfließen in einem Kräftespiel von Abwechslung und Beeinflussung, das sich allmählich in der Stille des eigenen Herzens entwickelt. Gerade in dem Bereich, in dem sich die drei Kraftfelder überlappen, scheinen die Puzzlestückchen wie selbstverständlich zueinander zu passen, und das ist auch der Ort, an dem sich die persönlichen Grenzen verändern. In den Zeichnungen auf Seite 143 werden die genannten Kraftfelder durch drei Kreise dargestellt. Modell 1 zeigt den (Ich-)Spieler an erster Stelle und den inneren Regisseur an dritter.

Beim Modell 2 hingegen lernt man, dem inneren Regisseur zu folgen. Im Überlappungsbereich der Kreise entsteht dann eine Art pulsierendes Herz, das grenzerweiternde Eigenschaften hat. Dadurch werden Dinge möglich, die vorher als unmöglich angesehen wurden. Nelson Mandela ist ein schönes Beispiel für jemanden, der ein solches Kraftfeld in sich entwickelt hat. Durch seine Lebenshaltung scheint er nach jahrzehntelanger Gefangenschaft fähig gewesen zu sein, seinen Feinden zu vergeben. Und was niemand während Mandelas jahrelanger Haft vermuten konnte, war, dass ausgerechnet dieser Gefangene und Rebell der neue Präsident Süd-Afrikas werden würde.

Wenn wir den Stoff dieses Kapitels zusammenfassen, sehen wir, dass passendes Timing, ein anderes Zeitverständnis und die richtige Anwendung von Wu-Wei zusammen mit Haragei entscheidend sind, um aus einer anderen Einstellung heraus im rechten Moment zu handeln oder still zu sein. Das führt zu einer anderen Form der Kommunikation, die nicht mehr auf dualistischem Ja-Nein basiert, sondern immer das umfassendere Ja-und-Nein erwägt und integriert und eher synchron läuft mit den unvorhersagbaren Bewegungen des Lebensstroms. Die Ereignisse, die aus diesem Strom entstehen und über die der persönliche Willen keine Macht hat, geben einem Gelegenheit, durch Nutzung des Haragei auf adäquate Weise den unerwarteten Wendungen des Geschehens spielerisch zu folgen: in Freiheit, aus einem unabhängigen und kreativen Geist, der über das kleine Ich hinausgewachsen ist und das größere Ganze übersehen kann. Selbstbeschränkung bei Auswahlmöglichkeiten unterstützt einen beim Vereinfachen des Lebensstils, und durch Achtsamkeit bei Handlungen und Nicht-Handlungen schärft man im Lauf der Zeit seine Wahrnehmung. Irgendwann ergibt sich vielleicht auch der Moment des Lächelns, wenn eine Blume hochgehalten wird, weil man eins mit der Blume wird und darin die letzte Wirklichkeit erfährt. Indem man sich dem inneren Regisseur anvertraut, dem großen Geiststrom, entsteht zwischen den drei Kreisen ein Kräftespiel von Abwechslung und Beeinflussung, das einen befähigt, seine persönlichen Grenzen zu erweitern. Dadurch werden Dinge möglich, die das rationale Denken immer als unmöglich erachtet hat.

■

8

Zum Kern des eigenen Wesens

Indem man aus der genannten neuen Perspektive lebt, wird man mit der Zeit von innen heraus fühlen, wie die verschiedenen Aspekte des eigenen Wesens untereinander verbunden sind und einander fortwährend beeinflussen. Und je mehr diese sich aufeinander abstimmen, desto mehr übernehmen sie die Führung in einem Spiel wechselnder, sich gegenseitig beeinflussender Kräfte. Man merkt, dass die persönliche Entwicklung in eine neue Phase kommt, in der sich das Ego etwas mehr dem Lauf des Geschehens anvertrauen und mehr im Hintergrund stehen kann. Aus dieser Position heraus lernt man Ereignisse mit einer gewissen Distanz zu betrachten, ohne gleich direkt dagegen zu protestieren. Dieses Loslassen der Kontrolle und das Zulassen, dass etwas anderes als das Ego die Richtung bestimmt, kann geübt werden, indem man Sterben zu einem selbstverständlichen Teil des Alltags macht und das Leben als fortwährenden Strom von Sterben und Geborenwerden betrachtet. Dies wird letztendlich dazu führen, dass man körperlich und geistig lernt, sich dem Größeren in sich selbst unterzuordnen, wodurch man dem Kern seines Wesens zunehmend näher kommt und diesen wahrhaftig erfahren kann.

Eigenschaften, die zum Kern führen

Die Frage, die sich stellt, ist: Wie kann man den Kern seines Wesens erfahren? In den klassischen Sūtren wird uns ständig gesagt, dass es im Prinzip nichts zu erreichen gibt, da alles vom allerersten Anfang bereits anwesend ist. Doch es gibt etwas, was uns zurückhält, die letzte Wirklichkeit zu ergründen und zu erfahren. Viele Menschen weigern sich, sich dem hinzugeben, da derartige Erfahrungen nicht zur bekannten und begründbaren Welt gehören. Für die nötige Offenheit muss ein Grundvertrauen da sein, damit diese Dinge sich offenbaren können. Und das geschieht, wenn man bereit ist, mit offener Aufmerksamkeit wahrzunehmen, ohne die Dinge, die man wahrnimmt, zu beurteilen. Drei Motivationen sind hier ausschlaggebend. Ich werde diese am Beispiel eines Autos veranschaulichen.

Die erste Eigenschaft, die als Motivation dient, ist intensives Verlangen. Es ist eine Art Heimweh nach der inneren Welt, es ist die Sehnsucht, eins zu werden mit dem eigenen wahren Wesen. Das fühlt sich wie eine nach innen gerichtete Verliebtheit an, gerade so wie die mystischen Erfahrungen, die Hadewijch von Antwerpen beschreibt. Dieses tiefe innere Verlangen dient als Treibstoff, der den Motor, unsere Seele, in Gang bringt, wodurch wir uns aus der bekannten rationalen Welt hinausbegeben können in ein unbekanntes Gebiet, an dem der Verstand keinen Anteil hat.

Die zweite Eigenschaft, die wir brauchen, ist Vertrauen. Es hat die Form eines inneren Wissens, dass der genannte unbekannte Bewusstseinszustand besteht und sich einem eröffnen kann. Der Motor unseres Autos ist so eingestellt, dass man ihn nach dem Tanken selbstverständlich starten und damit losfahren kann. Und solange genug Kraftstoff vorhanden ist, wird er das Auto vorwärts bewegen.

Die dritte Eigenschaft, die uns zum eigenen Kern führen kann, ist große Verzweiflung. Sie steht nicht im Gegensatz zur zweiten Eigenschaft, denn hier geht es um einen inneren Drang, der wie die Gangschaltung wirkt. Ihr Zweck ist es, das Auto, also unser Wesen, zu beschleunigen in Richtung auf das Ungreifbare. Die Beschleunigung tritt häufig in Form einer persönlichen Krise auf wie einer Scheidung, eines Todesfalls oder des Verlustes der Arbeitsstelle. Plötzlich wird einem der Boden unter den Füßen weggerissen, und innere Unsicherheit und große Zweifel entstehen. Fragen wie „Warum muss mir so etwas passieren und warum gerade jetzt?" drängen sich auf. Es sind gerade solche existenziellen Fragen, die den Sterbeprozess des Egos beschleunigen, weil man auf einmal erkennt, dass man nicht derjenige ist, der das eigene Leben bestimmt und steuert. Es wird sichtbar, dass es etwas anderes gibt, das die Leitung übernimmt. Die durch die Verzweiflung des Ichs aufgeworfene virtuelle Mauer wird in einem letzten Protestversuch anwachsen, aber gerade dadurch kann plötzlich etwas neues durchbrechen. Das „ich will" zerbricht, was wir als Sterben erfahren. Dieses Sterben beinhaltet, dass das kleine Ich einige Schritte zurück tritt, wodurch das Kräftefeld, das dahinter liegt, sich uns eröffnen kann.

Das eigene wahre Wesen als Richtschnur

Was ich hier beschreibe, möchte ich mit einem Ereignis aus meinem eigenen Leben etwas konkretisieren. Dabei übernahm das größere Wesen, das ich auch bin, deutlich die Leitung, während mein persönlicher Wille eine ganz andere Richtung einschlagen wollte. Es spielte sich im Jahr 2000 ab; ich war bereits zwei Jahre lang nicht mehr bei den Sesshins von Willigis Jäger gewesen, weil ich meiner Meinung nach genug mit meiner Familiensituation und meiner Arbeit zu tun hatte.

Irgendwann beschloss ich, nach Deutschland zu fahren, um von meinem Zen-Lehrer Abschied zu nehmen und mich bei ihm für seine jahrelange Unterstützung und Begleitung zu bedanken. Mit diesem Ziel vor Augen befand ich mich auf dem Weg nach Würzburg. Doch als ich ihm dann während des persönlichen Gesprächs gegenüber saß, passierte etwas Merkwürdiges. Ich wurde von einem immensen Bedauern überwältigt, weil ich zwei Jahre lang nicht in Würzburg gewesen war. Das traf mich so tief, dass ich die Zeit am liebsten zurückgedreht hätte. Mein ganzes Wesen gab mir zu erkennen: Was hier in Deutschland passiert, berührt mich bis in meine tiefsten Schichten.

Ich erkannte plötzlich, dass ich hier nicht saß, um Abschied zu nehmen, sondern um etwas Neues anzufangen. Seit dieser Zeit bin ich jeden Monat nach Deutschland gefahren, was durch die Unterstützung meines Mannes möglich wurde, der die Versorgung der Kinder übernahm, wenn ich nicht da war. Mein Leben beinhaltete aber noch stets genauso viele Aufgaben wie zuvor. Und seit 2003 sind es noch mehr geworden, als ich in den Niederlanden die Organisation der Veranstaltungen mit Willigis Jäger übernahm, zusammen mit der Pressearbeit für die niederländischen Übersetzungen seiner Bücher. Was mir unmöglich schien wurde machbar. Daraus ergab sich unter anderem, dass ich 2005 zur Zen-Lehrerin ernannt wurde. Das war weder mein persönlicher Plan noch mein Wunsch. Nicht ich selbst, sondern der große Geiststrom brachte mich dazu, dem größeren Wesen, das ich auch bin, zu folgen. Und gerade das hat mich zum eigenen Kern geführt.

Den Kern des eigenen Wesens entdecken

Was ist unser wahres Wesen? Oder, um es in Kōan-Ausdrucksweise zu formulieren: Wie entdeckt man die wahre Buddha-Natur in sich? Eine Geschichte, die Willigis Jäger gerne in diesem Zusammenhang erzählt, handelt von einem jungen Mönch und seinem überwältigenden Verlangen, das Antlitz einer Göttin zu schauen.

In dem Tempel, in dem dieser Mönch seine Zen-Meditation übte, stand das Bildnis einer Göttin, die mit einem Schleier verdeckt war. Man erzählte, dass derjenige, der den Schleier wegziehen würde, um ihr wahres Antlitz anzuschauen, unwiderruflich sterben würde. Der junge Mönch brannte vor Verlangen, ihr Gesicht zu sehen und beschloss schließlich, dafür sein Leben hinzugeben. Mit diesem Ziel begab er sich in das Heiligtum und zog den Schleier vom göttlichen Antlitz. Und was glauben Sie, was er zu sehen bekam? Er sah sich selbst. Er sah sein eigenes wahres Wesen. Das brachte ihn zu der tiefgreifenden Erfahrung, dass das Göttliche, das Unbegrenzte, auch Teil seiner Selbst war. Das ist die Erfahrung, die den Kern berührt und durch Zen in Aussicht gestellt wird. Menschen, die eine Nahtoderfahrung durchmachen, scheinen etwas Ähnliches zu erfahren. Für die meisten von ihnen ist es ein tiefes, einschneidendes Ereignis, das ihr weiteres Leben bestimmt.

In seinem Buch *De eigen dood* (Der eigene Tod) beschreibt Péter Nádas seine Erfahrung wie folgt: „Ich sah das Leben, das ich zurückließ, in einem Seinsbereich, der sich mit einer eigenen Zeitstruktur im grenzenlosen Raum der Zeitlosigkeit befand, wohin ich – oh Wunder – den Weg zurück gefunden hatte. [...] Es war, als ob ich mit dem Mechanismus meines eigenen Denkens bisher ein Leben lang ins Nichts gestarrt hätte, ohne das Allgefühl je wirklich zu bemerken. Nun kannte meine Sicht keine Begrenzungen von Zeit und Raum mehr." Nádas erfährt eine unaussprechliche Freude in dem Wissen, dass es den Tod eigentlich nicht gibt. Er erlebt seinen Tod als Geburt. Er erfährt eine Kraft, die ihn in Richtung einer Lichtquelle mitnimmt. Nie zuvor sah er ein vergleichbares Licht. „Gott findet man zwar auch im Universum des Lichts nicht", sagt Nádas, „doch das Licht ist sein bestes Bildnis."

Auch im Prozess des letztendlichen Sterbens kann man das große Licht erfahren. Es fordert einen auf, sich ihm anzuvertrauen, sich der Situation hinzugeben; es lädt dazu ein „mitzuschwimmen", wie es Ken Wilber in seinem bereits genanntem Gedicht *Der unsichtbare Strom* ausdrückt. Das Licht ist nicht etwas, was außerhalb von einem steht, es ist ein Aspekt, der auch in einem ist, es ist ein wesentlicher Teil des eigenen Selbst. Man ist auch die unermessliche Lichtquelle, die Kraft. Ich möchte hier übrigens hinzufügen, dass solche Erfahrungen nicht nur in Form von Licht auftreten, sondern auch in Form von Dunkelheit. Johannes vom Kreuz spricht immer wieder von der „dunklen Nacht", wenn er die Erfahrung des Größeren meint. Es kommt darauf an, dass wir uns trauen, uns dem Größeren und für uns so Unbekannten hinzugeben. Denn darin erfahren wir unsere Buddha-Natur, unser göttliches Wesen; das Unbegrenzte, Zeitlose, das nie sterben und deshalb nie aus dem Leben heraus fallen kann. Der göttliche Aspekt, der wir auch sind, reicht weiter als der Tod. Durchweg bestimmen wir unser Leben vom kleinen Ich aus, und darum ist die Hingabe an das Größere – über das wir keinerlei Weisungsbefugnis oder Kontrolle haben – eins der schwierigsten Dinge. Doch gerade darin liegt die Herausforderung, im Loslassen, im Zulassen. Nicht unser Wille bestimmt, sondern „dein Wille geschehe", wie es im Vaterunser heißt. Viele Menschen haben diese Worte doch schon einmal nachgesprochen oder nachgebetet.

Den Kern des eigenen Wesens entdeckt man mitten in der Einheitserfahrung, in der Erfahrung, sich eins zu fühlen mit allen anderen lebenden Wesen. Die Phase, die danach kommt, ist das Erleben, dass Bewusstsein leer und unbegrenzt in Zeit und Raum ist. Man erfährt die Leere, die nicht leer ist, sondern voll vom Unbenennbaren. Die Leere durchstrahlt alles im jetzigen Moment. In einem seiner Gedichte, von John Steven gesammelt in *Three Zen Masters*, sagt Hakuin deshalb:

Was haben wir in so einem Moment noch zu suchen?
Nirvāna erscheint vor unseren Augen.
Dieser Ort ist das Lotusparadies,
dieser Körper ist der Körper des Buddha.

In einem der klassischen Sūtren wird das mit den Worten unterstrichen: „Es gibt nichts zu erreichen, weil es nichts zu erreichen gibt. Alles ist anwesend seit dem allerersten Anfang." Das findet man auch in der Beschreibung von Péter Nádas wieder, der zur Einsicht kommt, dass sein Denken „ein Leben lang ins Nichts gestarrt hat, ohne das Allgefühl je wirklich zu bemerken".

Mit anderen Worten heißt das, dass man blind ist für die Wahrnehmung der Wirklichkeit. Und Blindheit ist auch in den Kōans ein beliebtes Thema. Im *Hekiganroku* wird an einer bestimmten Stelle die Frage gestellt, ob jemand ein geöffnetes Auge hat oder nicht. Damit wird gefragt, ob eine Person im *Kensho* (Erleuchtungserfahrung) die Wirklichkeit erfahren hat. Die Bezeichnung geöffnetes Auge soll ausdrücken, dass das erleuchtete Individuum sehend wird, im Gegensatz zu unerleuchteten Menschen, die blind für die Realität sind. Was sich davon etwas merkwürdig abhebt, ist, dass der Apostel Paulus auf dem Weg nach Damaskus durch seine ergreifende Erleuchtungserfahrung geblendet wurde. Er wurde zeitweise blind; seine Blindheit macht ihn zum Seher und damit zum Christen. Wir haben kein Auge für die Wirklichkeit die uns umgibt und durchdringt, denn unser Bewusstsein lässt sich vom Denken ganz in Beschlag nehmen. Die Leere durchstrahlt alles in diesem Moment, vom allerersten Anfang bis ins Unendliche. Und diese Erfahrung liegt jenseits des Denkens.

Sterben und Leben fließen zusammen

Eines ist jetzt wohl deutlich geworden: Sterben ist Leben. Im Zen wird häufig gesagt, dass man auf seinem Meditationskissen sterben muss. Meistens betrachten wir den Tod als ein Ereignis am Ende unseres Lebenswegs, und solange wir uns noch jung fühlen, gehen wir davon aus, dass es noch lange nicht soweit ist. Doch je mehr es gelingt, im Jetzt zu leben, desto mehr wird man den Tod als tägliche Erscheinung ansehen. Zum Beispiel wenn man eine Mücke totschlägt, weil sie so lästig um einen herumfliegt, oder wenn man unbeabsichtigt eine Ameise zertritt. Aus wieder einem anderen Blickwinkel erfährt man das Sterben im Abschied nehmen von einer Person, die einem sehr lieb ist. Das Sterben aus Zen-Perspektive bedeutet, dass man lernt, alle diese Aspekte des Sterbens zu erfahren. Wenn eine gute Freundin stirbt, stirbt auch etwas in einem selbst. Im Durchleben dieses Sterbens und im Trennungsschmerz drückt sich der Wert der Freundschaft und Liebe aus, die man für sie fühlte und weiterhin fühlt. Die Gefühle von Liebe und Verbundenheit bestehen auch nach dem Tod weiter. Genau betrachtet ist Leben eine ununterbrochene Übung im Sterben. Indem man das Sterben in jede Tätigkeit, die einen deutlichen Anfang und ein deutliches Ende hat, integriert, übt man sich in dieses Thema ein und wird erkennen, dass das Leben ganz und gar Sterben ist. Aber gerade aufgrund des Sterbens lässt sich das Leben in vollem Umfang im Jetzt erfahren.

Für den Mystiker fließen die Erfahrungen von Sterben und Leben zusammen. Er erfährt im Tiefsten, dass es keinen Tod gibt. Sein Wesen ist durchdrungen von Leere und atmet das Unbegrenzte und Unendliche ein und aus, das niemals sterben kann. Er stirbt fortwährend und erfährt das auch so. Er ist sich zwar noch seiner Form bewusst, doch diese wird zunehmend durchlässiger, und die Leere lässt sich immer deutlicher erfahren, wie ein wogendes Meer, das durch ihn hindurch strömt, oder wie der Wind, der durch sein Wesen bläst. Wie eine Gardine, durch die der Wind bläst, wieder zurückfällt in ihre natürlichen Falten, sobald die Brise oder der Windstoß verebbt. Im Gebiet des letzten Erwachens des wahren Selbst fließen Sterben und Leben ineinander. So wie wir morgens aufwachen und erkennen, dass unsere nächtlichen Erlebnisse nichts anderes als ein Traum waren, so erleben wir beim vollständigen Durchbruch zu einem anderen Bewusstsein etwas vergleichbares. Ebenso wie Buddha Shākyamuni werden wir dann erfahren, dass das Leben, das wir täglich führen, auch ein Traum ist und dass die wirkliche Wirklichkeit sich gerade durch diesen Lebenstraum manifestiert. Oder mit den bereits zitierten Worten Hakuins:

> *Nirvāna erscheint vor unseren Augen.*
> *Dieser Ort ist das Lotusparadies.*

Dieses Lotusparadies umfasst auch das Leiden und alle Missstände, obgleich wir sie dann anders betrachten werden, weil sie von einem anderen Licht durchstrahlt werden. Unseren Körper werden wir erfahren als den wahren Buddha, weil wir ihn als durchlässig, flüchtig und pulsierend erfahren, als ob er aus Traumsubstanz gemacht sei und sich einfach so ins Nichts auflösen, einfach in der vollen Leere aufgehen könnte. Dann gibt es keinen Unterschied mehr zwischen Form und Formlosigkeit. Man spricht von Nicht-Zweiheit, wie es in einem der Sūtren ausgedrückt wird. Das Objekt ist Objekt wegen des Subjekts, und das Subjekt ist Subjekt wegen des Objekts.

Gewahrsein im Handeln

Der Prozess des Sterbens und Geborenwerdens ist ein Weg, der einen zu immer größerer Achtsamkeit bringt, wie in einer sich ausdehnenden Bewegung. Es ist ein Weg, den man allein zurücklegen muss, denn niemand kann ihn für einen gehen.

Vielleicht sind bei einer Geburt oder beim Sterben einige nahe Familienmitglieder oder Freunde anwesend, aber sie können nichts anderes als Zeugen sein, die betrachten, was der Sterbende oder das Neugeborene mitmacht. Bezüglich des persönlichen Wegs nach innen kann man dieselbe Parallele ziehen. Auch das ist ein einsamer Weg, den man allein zurücklegen muss. Aber im Wort „einsam" kommen zwei Begriffe zusammen: Die Silbe „ein", die auf das Wort „allein" verweist, und die Silbe „sam", die vom Wort „zusammen" stammt. Man ist also wohl irgendwie zusammen, jedoch nicht auf physische Art. Auf einem subtileren Niveau ist man verbunden mit allen Menschen, die sich auf derselben Wellenlänge befinden. Und dafür haben wir das schöne Wort „Seelenverwandtschaft". Wir sind nicht allein in unserem Suchprozess, mit unserem Gefühl von Sehnsucht nach Geborgenheit in etwas, was wir noch nicht kennen, wovon wir zwar eine Vermutung haben, aber noch keine direkte Erfahrung und kein Begriffsvermögen.

Die Geschichte des Zen kennt eine ganze Anzahl Meister und Mystiker, die uns darin vorausgegangen sind und den lebenden Beweis bilden, dass der Weg und die Erfahrung tatsächlich möglich sind. Im Zen wird häufig über das Thema gesprochen, dass man im Universum allein ist. Das Universum besteht aus einem Wesen und ist mit diesem einen Wesen gefüllt, und dieses unermesslich große und wirkliche Wesen, das bist du. So gesehen beinhaltet man ganz allein das ganze Universum. Das kleinste Staubkorn, aus dieser Perspektive betrachtet, beinhaltet auch das ganze Universum. Denn auch in diesem Staubkorn drückt sich die letzte Wirklichkeit aus, das Unbegrenzte, wie es in einem der Kōans des *Hekiganroku* gesagt wird. Und diese Wirklichkeit ist erfahrbar durch Gewahrsein im Handeln, indem man allem im Leben mit Aufmerksamkeit begegnet. Wenn man sich den Ereignissen aus innerer Ruhe zu nähern weiß, verändert man sich von innen heraus und dadurch verändert sich auch die Umgebung.

Sitzen in Stille

Neben den individuellen seelischen Aspekten, die letztendlich das torlose Tor zum anderen Bewusstseinsniveau öffnen, ist und bleibt das Sitzen in Stille von entscheidender Bedeutung. Durch Einkehr in sich selbst schafft man die Möglichkeit, loszulassen und dadurch ein anderes Feld zuzulassen. Darum sind Reflexionsmomente als wiederkehrende Unterbrechung des Arbeitstages so ungeheuer wichtig, denn dadurch nährt man die Stille in sich, und übt den eigenen Geist, sich zu öffnen. Um das zu erreichen, nutzt man in der Zen-Übungspraxis drei Methoden. Bei der ersten Methode wird die Aufmerksamkeit auf den Atem gerichtet, indem jedes Ausatmen gezählt wird von eins bis zehn. Bei der zweiten Methode geht es um die Wiederholung des Wortes „Mu" als Aufmerksamkeitspunkt der Meditation. Die dritte Methode ist *Shikantaza*, das Wahrnehmen der eigenen Gedanken, Emotionen und Gefühle ohne diese zu beurteilen; man beschränkt sich auf das Beobachten, ohne sich mitreißen zu lassen.

Zen als Erfahrungsweg

Das Leben ist eine Zusammensetzung von Erfahrungen. Als Kind lernt man, dass der Herd heiß ist, indem man ihn in einem unbeobachteten Augenblick berührt und sich die Finger verbrennt. Durch die Erfahrung physischen Schmerzes lernt man, besser aufzupassen. Als Erwachsener hat man mit weiteren Schmerzreizen zu tun, beispielsweise in Form von persönlicher Abweisung bei Beziehungsproblemen oder Verlust der Arbeitsstelle. Die Frage ist dann, wie man damit umgehen soll. Beschließt man nach so einer Erfahrung etwa, nie wieder eine Beziehung einzugehen? Ein wichtiger Gesichtspunkt ist, dass mentaler oder psychischer Schmerz oft eine verborgene

Botschaft beinhaltet. Zurückweisung kann schlecht für das Ego sein, aber gut für die Seele. Wonach man im Zen besonders strebt, ist, das Ego zu beugen, damit die Seele aus dem Schatten treten und sich entfalten kann. Genau wie das Leben ist auch die Seele eine Zusammensetzung von Erfahrungen. Durch jede Erfahrung wird eine bestimmte Facette geschliffen und schließlich wird die Seele so hell strahlen wie ein Diamant. Diesen Schleifprozess finden wir im Beugen des Egos wieder. Deshalb werden in der Zen-Tradition eine Vielfalt physischer und psychischer Beugeübungen praktiziert. Als westliche Menschen haben wir damit oft einige Mühe, und doch liegt im Vollziehen der körperlichen Beugung eine subtile Kraft verborgen. Die Essenz einer derartigen Beugung als Erfahrungsweg möchte ich an Hand einer alten japanischen Anekdote veranschaulichen.

Einst suchte ein Samuraikrieger einen Zen-Meister auf und bat um eine Erklärung was Himmel und Hölle seien. Der Meister antwortete: „Ich habe keine Zeit für solche Leute wie dich." Zutiefst verletzt geriet der Samurai in Wut, zog sein Schwert und schrie: „Für diese Unverschämtheit könnte ich dich töten." – „Schau", sagte der Zen-Meister gelassen, „das ist die Hölle." Der Samurai beruhigte sich, berührt von der Wahrheit über seine unbeherrschte Wut, die der Meister in Worte gefasst hatte. Er steckte sein Schwert wieder ein, verbeugte sich und dankte dem Meister für seine Einsicht. Darauf sprach der Zen-Meister: „Und dies ist der Himmel."

In der japanischen Zen-Tradition steht Beugen im Mittelpunkt. Wenn man sich physisch beugt, beugt man sich auch geistig. Dadurch gibt man sich immer wieder die Möglichkeit, sich vom Ego zu lösen. Und im Raum, der dann entsteht, kann die Seele sich langsam mehr und mehr zeigen und entfalten.

Aus dem Vorangegangenen kann man folgern, dass der Kern des eigenen Wesens sehr nah und doch so schwierig zu fassen ist. Und dass Verlangen, Vertrauen und Verzweiflung drei wichtige Gesichtspunkte sind, weil sie einen zum tiefsten Kern führen können. Die Frage ist, wie viel Mühe es einen kostet, das Steuer loszulassen und sich dem größeren Wesen anzuvertrauen, von dem man ein Teil ist. Dieses Loslassen und Zulassen beinhaltet eine endloses Abfolge von Sterbemomenten, worin das Sterben nicht mehr als Manifestation des Lebensendes, sondern als Teil des Alltagsdaseins erfahren wird. Damit wird sich das Sterben letztlich zu einem anhaltenden Strom von Sterben und Geborenwerden umformen. Der Mystiker lebt, ausgehend von beiden Aspekten, in einer zweiseitigen Einheit, die gleichzeitig Leben und Sterben ist, Form und Formlosigkeit. Der Weg zum eigenen tiefsten Kern ist ein einsamer Weg. Man legt ihn allein zurück, doch sind einem bereits viele vorausgegangen. Du bist allein im Universum, sagt die Zen-Tradition, genauso wie das kleinste Staubkorn. Um dies alles wesentlich zu erfahren, ist Sitzen in Stille notwendig, denn in der Stille wird sich das torlose Tor der Seele öffnen. Indem man sich physisch beugt, gibt man dem Ego Gelegenheit, sich vor dem Größeren in sich selbst zu beugen.

■

9

Aus dem Kern heraus dem eigenen Weg folgen

Ist man seinem tiefsten Wesen begegnet und den großen Tod gestorben, wie es die Zen-Tradition so schön formuliert, wird es Zeit, zum Marktplatz zurück zu kehren. Das ist die Stelle oder besser der heilige Ort, an dem die Erleuchtung zum Ausdruck gebracht wird. Dieser Schritt wird verständlich, weil der Markt als Symbol dient für den Alltag von Leben und Arbeit. Im *Hekiganroku* wird das in einer kleinen Geschichte dargestellt, in der zwei Mönche auf dem Weg zu einem heiligen Berg sind. Plötzlich bleibt der eine Mönch stehen, steckt ein Schilfrohr in den Grund und sagt: „Dies ist der heilige Berg." Was der Mönch damit aussagen will, ist, dass der Ort der letzten Wirklichkeit nicht irgendwo weit weg ist, sondern ganz nah. Er ist hier zu finden, in diesem Buch, beim Lesen dieser Geschichte, in diesem Moment.

Mit offenen Händen zum Markt

In Sesshins wird jedes Retreat mit der Rezitation eines Sūtras abgeschlossen, in dem der Weg zur Erleuchtung als das Zähmen des Ochsen beschrieben wird. Zu Anfang scheint der Ochse, unser wahres Wesen, unauffindbar zu sein, wie sehr auch der Hirte, der gewöhnliche Mensch, auf der Suche nach ihm

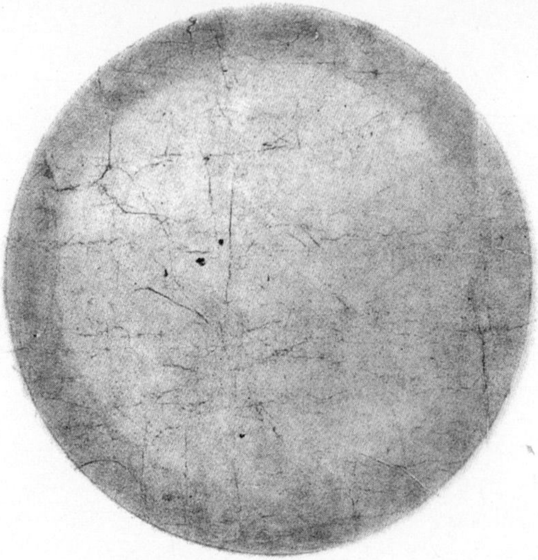

Abb. 11: Der Ochse ist vergessen, der Mensch ist vergessen

ist. Nach Ablauf einer gewissen Zeit findet er dann doch eine Spur, und die führt ihn schließlich zum Ochsen, das heißt zur Erleuchtung, zu seinem wahren Wesen. Anschließend geht es darum, den Ochsen zu zähmen, also die Erleuchtungserfahrung zu integrieren. Doch irgendwann, mitten im Einswerden mit der Erleuchtungserfahrung verschwinden beide, Ochse und Hirte, ins Nichts.

In der Leere ist jedenfalls keine Form. Das bedeutet nicht das Ende, denn die Geschichte geht weiter. Der Hirte kehrt zurück aus der Leere, aber ohne Ochsen. Der Ochse ist nicht mehr da, denn von der Erleuchtungserfahrung ist keine Rede mehr. Die ist sozusagen erloschen und integriert in jede Facette des eigenen Wesens. Am Ende der Geschichte kehrt der Hirte zurück zum Markt, mit Matsch beschmiert und einem breiten Lachen auf seinem Gesicht. Er ist zu Hause angekommen in der Welt der zweiseitigen Einheit von Form und Leere. Aus der inneren Freiheit gibt er seinem Leben Form. Aus der

Abb. 12: Zurückgekehrt zum Ursprung

Erkenntnis, dass alles heilig ist und sich darum in nichts vom Nichtheiligen unterscheidet.

Diese Bildsprache kann man sehr gut ins eigene Leben übersetzen. Sie zeigt, dass es ab einem bestimmten Moment in allen Dingen, die man tut, etwas gibt, das einen dazu treibt, die wahre Identität zu suchen. Irgendwo in der Stille, versteckt zwischen dem hohen Gras, entdeckt man eine Spur und beschließt ihr zu folgen. Es ist ein Weg, der über gewundene, ungebahnte Pfade führt.

Doch je tiefer man in das unbekannte Gebiet eindringt und je mehr man das Gefühl hat, sich verlaufen zu haben, desto näher kommt man dem Ochsen. Ist der Ochse einmal gefunden, die Erfahrung im Tiefsten erlebt, dann ist das gewiss nicht das Ende der Reise. Die Suche geht weiter, um dieser tiefen Erfahrung einen Platz zu geben und sie ins eigene Wesen zu integrieren. Es werden wahrscheinlich noch weitere tiefe Einsichten folgen, große und kleine. Es geht jedoch nicht

Abb. 13: Mit leeren Händen zum Markt

um bombastische Dinge, die man erfahren muss. Worum es geht, ist, das Wunder im eigenen Leben zuzulassen, mit Verwunderung den Sternenhimmel zu betrachten und das Funkeln der Sterne wirklich zu sehen. Die Mondsichel und das unermessliche Weltall nicht nur anzuschauen, sondern sich der Erfahrung hinzugeben und sich in der Unermesslichkeit geborgen zu fühlen. Egal, welche Erfahrung es auch sein mag, der nächtliche Ruf einer Eule, ein schöner Baum oder ein Vogel, der am frühen Morgen sein Lied singt – die Verwunderung über diese kleinen Dinge wird langsam aber sicher in einem wachsen, weil man fühlt, dass man mit allem verbunden ist und einen Teil davon ausmacht. Es ist eine Verbundenheit, ein Einssein mit allen lebenden Wesen.

Wenn man in einem Wald wandert, kann man plötzlich erkennen, dass der Wald aus einer großen Anzahl einzelner Bäume besteht, aber ihre Wurzeln in der Erde miteinander zu einer Einheit verwachsen sind. Und wenn man über dem Wald fliegen würde, würde man ein wogendes Meer grüner Blätter sehen. Wenn ein Baum gefällt wird, hat das eine Wirkung auf alle Nachbarbäume. Sie erhalten plötzlich mehr Sonnenlicht und Raum, aber dem steht entgegen, dass sie Kontakt und Zusammenhang durch die absterbenden Wurzeln verlieren. Für den einen Baum kann das günstig ausgehen, für den anderen gerade nicht.

Wenn wir dieses Bild auf unser eigenes Leben übertragen, zusammen mit der Vorstellung, dass wir selbst wie wandelnde Bäume durchs Leben gehen, bemerken wir auch, dass unsere Wurzeln unsichtbar miteinander verwachsen sind. Wann immer einem Mitmenschen etwas zustößt, wird das auch eine Wirkung auf uns selbst haben.

Habe ich den Ochsen erst einmal in mir gefunden, dann gibt es keine gefühlsmäßige Trennung mehr zwischen mir und anderen, und das bedeutet, dass das Leid eines anderen auch zum eigenen Leid wird, was man dann auch als solches erfährt. Dann hilft man dem anderen nicht, weil man es muss oder es sich nach Auffassung der Umgebung so gehört, sondern weil man es aus dem Inneren so fühlt. Man kann nicht anders. Es ist keine Rede mehr von menschlicher Betroffenheit, sondern von Mitgefühl, einem ganz unmittelbaren Mitfühlen. Es gibt keine Trennung mehr zwischen mir und dem anderen.

Der Weg zur Selbstlosigkeit

Das Erkennen und Erfahren des Ungetrenntseins bedeutet auch, dass das Ich weniger wichtig wird. Man fühlt sich als Teil des Ganzen, und indem man dem größeren Ganzen dient, hilft man letztendlich auch sich selbst. Dadurch bekommt man eine ganz andere Einstellung gegenüber Menschen, Tieren und Dingen, mit denen man zu tun hat. Es ist eigentlich eine Art dienende Führung, bei der das Ego mehr im Hintergrund bleiben kann und die Freiheit hat, je nach Situation, auch einmal nach vorne zu treten.

Im Hinblick auf die eigene Berufstätigkeit bedeutet das nicht, dass man keinen Willen oder keine eigene Vision mehr hat, ganz im Gegenteil. Doch der Wille und die Vision sind nicht länger auf rein persönliche Interessen ausgerichtet. Man erwägt ebenso die Belange anderer und kann darin über sich selbst hinauswachsen. Man sieht und begreift dann, warum sich ein anderer so fühlt, wie er sich fühlt, und warum er auf seine Art reagiert. Eine Führungskraft, die andere aus dieser Erkenntnis heraus zu führen weiß, wird aufgrund dieser fühlenden Verbundenheit den Anschluss an die Träume ihrer Mitarbeiter finden. Dann kann man von einer empathischen Führung sprechen. Es geht nicht so sehr um richtig oder falsch, vollkommen oder unvollkommen. Man begreift, dass manche gerade aus bestimmten Gründen eine Abneigung gegen einen haben können oder einem nicht folgen wollen, und das ist beides in Ordnung. Das Vermögen, über sich selbst hinaus zu wachsen, entsteht langsam, aber sicher aus der Intention, stets die Interessen der anderen zu berücksichtigen. In der Praxis wird es zunächst schwierig sein, nach diesem Prinzip zu leben und zu arbeiten, vor allem wenn Dinge auf der Kippe stehen, doch aufgrund der Entschlossenheit, auf diese Weise zu handeln, wird die Fähigkeit, dies auch wirklich zu tun, im Lauf der Jahre wachsen.

Ein praktisches Beispiel dazu fand ich in Hakuins Lebensgeschichte. Als Mönch lebte er am Rand eines Dorfes. Dort wurde ein Mädchen schwanger; sie war unverheiratet und behauptete schließlich, dass Hakuin das Kind gezeugt hätte. Nach der Geburt brachte der Vater des Mädchens das Baby zu Hakuin und forderte ihn auf, dafür zu sorgen. Dieser zeigte sich erstaunt, aber nahm das Kind in seine Obhut und versorgte es gut. Die Schande in den Augen der Dorfbevölkerung nahm er hin. Nach ein paar Jahren bedauerte das Mädchen ihre Worte und gestand, wer der tatsächliche Vater war. Das Kind wurde von Hakuin zurückgefordert und ohne Kommentar gab er es zurück. Er hatte es bei sich aufgenommen, womit er auch das ungerechte Urteil der Dorfbewohner akzeptiert hatte, und er gab das Kind wieder heraus, als das Mädchen soweit zur Einsicht gekommen war, dass es der Wahrheit entgegenblicken konnte. Für Hakuin waren beide Seiten des Vorfalls in Ordnung.

Es gibt zahllose Tore der Wahrheit

Wenn einem eine tiefgreifende Einsicht zuteil geworden ist, dann hat das an sich keine so große Bedeutung. Zen ist zwar ein Erfahrungsweg, aber damit ist nicht gemeint, dass man in so einer Erfahrung stecken bleiben soll. Es gibt zahllose viele Tore zur Wahrheit und es kann passieren, dass man ein *Kenshō* oder eine Erleuchtungserfahrung erlebt. Die Geschichte des Ochsen weist jedoch darauf hin, dass die Reise dort nicht aufhört. Es gibt endlos viele Weisheitstore und der Weg läuft weiter bis zur Unendlichkeit, selbst jenseits des Todes. Die Erkenntnis, dass diese überraschende und abenteuerliche Spurensuche nach dem eigenen unermesslichen Wesen nirgends aufhört, sondern selbst hinter dem Horizont weiter geht, ist wohl das größte und verblüffendste Wunder, das man erleben kann. Man ist also ununterbrochen unterwegs. Auch der Mystiker folgt seinem Weg, meistens nicht in einem Kloster oder einer fernen Grotte, wie oft geglaubt wird, sondern mitten in der lebendigen Welt: Auf dem Marktplatz, im Arbeitsleben, als Mutter, Hausfrau, Gärtner, Klempner, Zahnarzt oder was auch immer.

Es geht dabei um das Gleichgewicht zwischen dem, was als *Chien* (Einsicht, Übersicht) und *Hsing* (Praxis, Aktion, Arbeit) bezeichnet wird. Einsicht kann nur in der Geistesstille erblühen, und Übung, Praxis ist wichtig, um zu lernen, die Stille in sich zu fühlen. Man muss ein Haus in Stand halten, weil es sonst verfällt – denken Sie nur daran, was passiert, wenn es ein halbes Jahr leer steht. Genauso muss man auch sein inneres Haus in Stand halten. Und dazu ist Sitzen in Stille ein unabkömmlicher Teil der Übung. Auch im Gehen kann man meditieren, beim aufmerksamen Gehen im *Kinhin*. Wenn es einem gelingt, eine ununterbrochene Übung aus der Geh-Meditation zu machen, wird dies zu einem festen Muster des täglichen Lebens werden. In Japan gibt es Bettelmönche, die nur gehen. Sie gehen ihr ganzes Leben lang und legen jeden Tag dutzende Kilometer zurück. Gehen ist ihre Meditation, und Meditation ist ihr Gehen geworden. Die westliche Gesellschaft bietet kaum Gelegenheit zum „einfach nur Gehen", deshalb ist es wichtig, sich die Zeit zu nehmen zum Nichttun, zum Ausruhen, Reflektieren und sich nach innen Richten. Denn auf diese Weise kann man die inneren Qualitäten in den Alltag mitnehmen, in alles, was man tut.

Es geht vor allem um das „Sein"

Beim Meditieren und in Stille Sitzen kann man nicht sagen, dass dann nichts passiert. Man atmet, das Blut strömt, die Verdauung ist in vollem Gang, die benötigten Muskeln spannen sich an. Daneben gibt es auch noch Gedanken und Emotionen, die ungefragt nach oben kommen. Man sitzt still und doch passiert enorm viel. Man kann allein oder in einer Gruppe meditieren, aber der Prozess vollzieht sich immer intern. An sich scheint das durchaus eine egozentrische Beschäftigung zu sein. Doch durch die unwiderrufliche Verbundenheit mit allen lebenden Wesen – auch wenn diese nicht konkret in der Umgebung anwesend sind – schafft man durch die Meditation ein bestimmtes Energie- oder Frequenzfeld, durch das andere

Menschen oder andere Frequenzfelder beeinflusst werden. Darum sagt man auch: Wenn du meditierst, dann meditiert das ganze Universum. Wenn man davon ausgeht, dass eigentlich keine Trennung zwischen einem selbst und anderen besteht, dann ist das auch wirklich so. Dieses Prinzip wird im wichtigsten buddhistischen Gelöbnis mit den Worten ausgedrückt: „Zahllos sind die lebenden Wesen, ich gelobe, sie alle zu retten." Das scheint eine unmögliche Aufgabe zu sein, doch man kann sie erfüllen, indem man sich selbst von innen heraus ordnet. Weil wir alle miteinander verbunden sind mit einem einzigen unsichtbaren und immens großen Netz, wird unsere Meditation immer Einfluss auf das gesamte Netz haben. So bringen wir die menschliche Art in die höhere Ordnung. Es würde mich nicht wundern, wenn Sitzen in Stille sich als effektiver erweist als alle Hektik und aller Stress, die wir verursachen. Worauf es ankommt, ist, sich darin zu üben, im inneren Kern zu „sein" statt zu handeln. Auf diese Einstellung bezieht sich auch das Tao Te King, wenn dort steht, dass der Weise nicht tut, während nichts ungetan bleibt.

Der eine schneefreie Berggipfel

Es geht um den einen schneefreien Berggipfel inmitten einer verschneiten Landschaft. Du bist der beispiellose Berggipfel: einzigartig und einsam und gleichzeitig Teil der verschneiten Landschaft. Am Fuß des Berges kannst du sehen, dass du mit den anderen Berggipfeln verbunden bist, weil du zu einem umfangreichen Bergmassiv gehörst, das durch viele Berggipfel geformt wird. Auch dort gilt, dass Einheit in Verschiedenheit besteht. Du bist einzigartig als Berg im Universum, aber über die Basis oder die Wurzeln bist du mit allen anderen Bergen verbunden, oder anders gesagt, mit allen anderen lebenden Wesen. Die Leere zu erfahren, ist nicht ausreichend. Leere drückt sich aus als Form. Das Erfahren von beidem bringt dich in den Alltag. Du erfährst dich als Form und gleichzeitig als Leere, und die Erfahrung breitet sich ungehindert aus. Letztendlich durchdringt sie jede Faser deines Körpers, du riechst und schmeckst sie mit jeder Zelle deines Wesens.

■

Literatur

W. Arntz, B. Chasse und M. Vicente: *What the Bleep Do We Know. Ontdek de werkelijkheid achter de werkelijkheid*, Servire, Utrecht, 2006 [Auf deutsch erschienen als *Bleep. An der Schnittstelle von Spiritualität und Wissenschaft. Verblüffende Erkenntnisse und Anstöße zum Weiterdenken*, VAK-Verlag, Kirchzarten, 2007]

B.M. van Baren: *In Balans. Naar een optimaal functioneren onder druk*, Bruna, Utrecht, 1998

B. Borchert: *Mystiek. Geschiedenis en uitdaging*, Gottmer, Haarlem, 1989 [Deutsche Übersetzung erschienen als *Mystik. Das Phänomen. Geschichte der Mystik. Neue Wege*, Langewiesche, Königstein im Taunus, 1994]

I. Briggs Myers und P. B. Myers: *Gifts Differing. Understanding Personality Type*, Palo Alto, CA, Davies-Black Publishing, 1995

I. Briggs Myers, *Inleiding tot type*, Mountain View, CA, CPP Inc., 1998/2001

N. Douglas und P. Slinger: *Sexuele geheimen. De magie van de erotiek*, Servire, Katwijk, 1989 [Auf deutsch erschienen als *Das große Buch des Tantra. Sexuelle Geheimnisse und die Alchemie der Ekstase*, Ariston, München, 2004]

H. Dumoulin: *Geschichte des Zen-Buddhismus, Band I, Indien und China*, Francke Verlag, Bern/München, 1985

H. Dumoulin: *Geschichte des Zen-Buddhismus, Band II, Japan*, Francke Verlag, Bern, 1986

W.W. Dyer: *De taal van het hart. De verrijkende kracht van tijdloze wijsheden*, Bruna, Utrecht, 1999

M. Emoto / I.H.M. General Research Institute: *Messages from Water. World's first pictures of fronzen water crystals*, Hado Kyoikusha Co, Ltd. [Auf deutsch erschienen als *Die Botschaft des Wassers*, Koha, Burgrein, 2002. Auch als DVD erschienen als *Die Botschaft des Wassers* bei Tao-Cinemathek/J. Kamphausen, Bielefeld, 2007]

Garma Chang: *The Practice of Zen*, New York, Harper & Row, 1959 [Auf deutsch erschienen als *Die Praxis des Zen*, Aurum, Bielefeld, 2001]

M. Gershon: *The Second Brain*, New York, HarperCollins, 1998 [Auf deutsch erschienen als *Der kluge Bauch*, Goldmann, München, 2001]

K. Gibran: *De Profeet*, Synthese, Den Haag, 2003 [Auf deutsch erschienen als *Der Prophet* bei Patmos, Düsseldorf, 2005]

D. Goleman: *Emotionele intelligentie. Emoties als sleutel tot succes*, Contact, Amsterdam, 1996. [Auf deutsch erschienen als *Emotionale Intelligenz*, DTV, München, 1997]

Hakuin Ekaku: *Wilde klimop. De spirituele autobiografie van zenmeester Hakuin*, Asoka, Rotterdam, 2006. [Auf deutsch erschienen als *Wilder Efeu. Die selbstverfasste Biographie von Zen-Meister Hakuin*, Kokurin-Verlag, Berlin, 2006]

T. Hardjono und H. Klamer: *Breng spirit in je werk! Hoe doe ik dat? Handreikingen om geïnspireerd te werken*, Meinema, Zoetermeer, 2005.

W. Jäger: *Elke golf is de zee. Mystieke spiritualiteit*, Asoka, Rotterdam, 2003. [Deutsche Originalausgabe: *Die Welle ist das Meer. Mystische Spiritualität*, Herder Spektrum, Freiburg, 2000]

W. Jäger: *Het leven eindigt nooit. Thuiskomen in het nu*, Asoka, Rotterdam, 2006. [Deutsche Originalausgabe: *Das Leben endet nie. Über das Ankommen im Jetzt*, Theseus im Kreuz Verlag, Stuttgart, 2005]

W. Jäger: *Das Leben ist Religion. Stationen eines spirituellen Weges*, Kösel, München, 2005

W. Jäger: *Mystische Spiritualität. Textsammlung*, im Selbstverlag erschienen

W. Jäger: *Suche nach dem Sinn des Lebens*, Via Nova, Petersberg, 1991.

M. Jahrmarkt: *Tau-management. Een effectieve methode om een holistisch manager te worden*, Servire, Cothen, 1990 [Deutsche Originalausgabe: Das TAO-Management. Erfolgsschritte zur ganzheitlichen Führungspraxis, Droemer Knaur, 1995]

Jing Hui: *The Wisdom of Chan Buddhism*, im Selbstverlag erschienen, 2000

C.G. Jung: *Psychologische Typen*, Servire, Den Haag, 1958 [Deutsche Originalausgabe *Psychologische Typen*, Rascher Verlag, Zürich, 1960]

M.F.R. Kets de Vries: *Worstelen met de demon: Over emoties, irrationaliteit en onbewuste processen in mens en organisatie*, Uitg. Nieuwezijds, Amsterdam, 1999/2003

Ph. Kapleau: *The Three Pillars of Zen. Teaching, Practice and Enlightenment*, New York, Anchor Books Editions, 1989/2000 [Auf deutsch erschienen als *Die drei Pfeiler des Zen*, O. W. Barth bei Scherz, Frankfurt/M, 2004]

C. Kuby: *Unterwegs in die nächste Dimension: Meine Reise zu Heilern und Schamanen*, Kösel, München, 2003

Lao Tse: *Tao Te King*, Altamira, Heemstede, 1992 [Deutsche Übersetzung Reclam, Ditzingen, 1997]

P. Lengsfeld: *Zum tieferen Sinn von Religion. Religionsgespräche in Asien und anderswo*, Via Nova, Petersberg, 1993

A. van Lysebeth: *Pranayama. De dynamiek der ademhaling*, Ankh-Hermes, Deventer, 1987 [Auf deutsch erschienen als *Die große Kraft des Atems. Die Atem-Schule des Pranayama*, O. W. Barth Verlag, München, 1978]

A.H. Maslow: *Lessons from the Peak Experiences*, in *Journal of Humanistic Psychology*, 1962, p. 9-18

M. Matsumoto: *The Unspoken Way, HARAGEI. Silence in Japanese Business and Society*, Tokyo, Kodansha International, 1988)

S. Morinaga: *Van leerling tot meester. Een doorlopende confrontatie met mijn eigen stupiditeit*, Samsara, Amsterdam, 2006

P. Nádas: *De eigen dood*, Van Gennep, Amsterdam, 2004 [Auf deutsch erschienen als *Der eigene Tod*, Steidl, Göttingen, 2002]

D.D. Ofman: *Bezieling en kwaliteit in organisaties*, Servire, Utrecht, 1992/2002

Platon: *Das Gastmahl oder Von der Liebe*, Reclam, Ditzingen, 2008

L. Richmond: *Je hart bij je werk. Over het samengaan van beroep en spiritualiteit*, Asoka, Rotterdam, 2002

B. Schwartz: *The Paradox of Choice. Why More is Less*, New York, HarperCollins, 2004

J. Stevens: *Three Zen Masters. Ikkyu, Hakuin, and Ryokan*, Tokyo, Kodansha International, 1993

Thich Nhat Hanh: *Vrede begint bij jezelf*, Uitg. Ten Have, Kampen, 2005 [Auf deutsch erschienen als *Versöhnung beginnt im Herzen. Einander zuhören – Feindschaft überwinden*, Herder, Freiburg, 2005]

M.M. Tophoff: *Chan Buddhism. Implications of Awareness and Mindfulness-Training for Managerial Functioning*, im Selbstverlag erschienen, 2003

N. Tydeman: *Het temmen van de os*, Asoka, Rotterdam, 2004

D. Verstegen: *Zenboeddhisme. Smaak, wortels en reikwijdte*, Uitg. Kok, Kampen, 2005

K. Wilber: *Een beknopte geschiedenis van alles*, Lemniscaat, Rotterdam, 1997/2000 [Auf deutsch erschienen als *Eine kurze Geschichte des Kosmos*, Fischer Taschenbuch, Frankfurt, 2007]

K. Wilber: *Integrale psychologie*, Ankh-Hermes, Deventer, 2001 [Auf deutsch erschienen als *Integrale Psychologie. Geist, Bewusstsein, Psychologie, Therapie*, Arbor Verlag, Freiburg, 2001]

Yamada Kôun Roshi: *Mumonkan. Die torlose Schranke*, Kösel, München, 1989/1997

Yamada Kôun Roshi: *Hekiganroku. Die Niederschrift vom blauen Fels, Band 1*, Kösel, München, 2002

Yamada Kôun Roshi: *Hegikanroku. Die Niederschrift vom blauen Fels, Band 2*, Kösel, München, 2002